Reinhold Gestrich
Am Krankenbett

Seelsorge in der Klinik

Quell Verlag Stuttgart

ISBN 3-7918-1415-X

© Quell Verlag Stuttgart 1987
Printed in Germany · Alle Rechte vorbehalten
1. Auflage 1987
Umschlaggestaltung: Klaus Dempel
Satz und Druck: Quell Verlag Stuttgart

Sieh, sie brauchen irgendeinen,
der dabei ist in der Nacht,
wenn ihr weher Atem wacht,
wenn sie einsam sind und weinen.

Sieh, sie müssen einen finden,
der sie schon im Schweigen kennt,
der, eh man die Wunden nennt,
schon am Werk ist, zu verbinden.

Glaubst du, Herr, ich könne Lesen
mit der armen Augen Kraft,
wo sie kranken und genesen?

Sieh, ich möchte mich verteilen
wie ein Becher seinen Saft –
Heiland, gib ihm Kraft zu heilen.

Albrecht Goes (1932)

Inhalt

Vorwort

Christliche Seelsorge geschieht im Auftrag *Jesu Christi.* Wie kann der Klinikseelsorger aber auch Wunsch, Bedürfnis und Auftrag der *Kranken* richtig erkennen, zu denen er kommt – meist unbekannt und ungerufen? Wer ist er in den Augen der Patienten? Welcher Art Helfer kann er ihnen werden? Wie kann er ihnen im Leid beistehen, ihre geistlichen Bedürfnisse aufnehmen, sie begleiten?

Dieses Buch möchte den in der Krankenseelsorge Arbeitenden Anregung geben, über ihre Patientenbeziehungen und ihre Erfahrungen mit sich selbst nachzudenken. Es betrachtet die religiösen und seelischen Vorgänge in der Zeit der Krankheit und die theologischen und psychologischen Aspekte der Seelsorgetätigkeit. Es geht auf Fehlerquellen in der Seelsorge ein, zumal solche, die in der Person des Seelsorgers begründet sein können, und sucht nach Überwindung von Störungen im Gespräch am Krankenbett. Fortschritte und Impulse aus der »Neuen Seelsorgebewegung«, die in den 70er Jahren von Amerika aus Deutschland befruchtet hat, sind in die Arbeit eingeflossen.

Vor allem möchte ich mit diesen Zeilen Mut machen zum Lernen und zur Weiterbildung in der Seelsorge. Gesundes kann wachsen: im Glauben, in den Beziehungen, in der menschlichen Kraft, in der Offenheit für Kritik, in der Sensibilität nach innen und nach außen. Ein geistlich und psychisch entwicklungsbereiter Seelsorger kann den Menschen im Krankenhaus bestimmt ein Helfer sein.

Weil hier das meiste, was für die Praxis der Klinikseelsorge von Bedeutung ist, Aufmerksamkeit finden soll, sind auch die anderen Bezüge, in denen die Seelsorge steht und geschieht, beschrieben: Krankenstation, klinische Institution, kirchliche Organisation.

Das Buch entstand aus 10jähriger Krankenhausarbeit heraus und verdankt darüber hinaus sehr viel allen Seelsorgern, die in den Kursen der Klinischen Seelsorgeausbildung ihre Erlebnisse am Krankenbett mit mir besprochen haben.

Reinhold Gestrich

Zu den geistlichen Grundlagen
der Krankenseelsorge

1. Wie die seelsorgerliche Aufgabe im Krankenhaus »übertragen« wird

»Mit Freuden zart zu dieser Fahrt«, sagt der frischoperierte Krebspatient und winkt den Seelsorger mit lachendem Gesicht zu sich her. Er drückt ihm fest die Hand und fährt fort: »Nicht wahr, wir wissen, wohin unser Weg geht!« – Ein anderer Patient eröffnet das Gespräch mit den Worten: »Mich hat Gott verlassen – ich bin ganz am Ende.« Er sagt das dem ihm unbekannten Seelsorger ohne jede Einleitung am Anfang des Besuchs. Was geht in den beiden Patienten vor, als sie den Seelsorger sehen, und was bedeuten ihre ersten Sätze für den seelsorgerlichen Dienst?

Seelsorge geschieht im Auftrag Jesu Christi. Das ist die Voraussetzung, von der aus wir arbeiten. In der Praxis der Krankenhausseelsorge stoßen wir nun aber auf ein Phänomen, das nach unserer Meinung eine weitere Grundlage dieser Arbeit bildet: Die Reaktion der Patienten auf den Besuch selbst, die meist gleich zu Beginn erkennen lassen, was ihre Seele mit dem Seelsorger anfangen möchte. An sechs Beispielen wollen wir zeigen, wie nach unserer Meinung die anfängliche Reaktion der Kranken den seelsorgerlichen Dienst mitbegründet, geistlich und inhaltlich.

Schon im ersten Augenblick entsteht eine Spannung zwischen dem Seelsorger und *Herrn A.* Der Patient verstummt und blickt weg, Unruhe und Abwehr sind spürbar. Nach einer Weile faßt sich der Patient und beginnt zu erzählen: Von seiner letzten Fahrt in ein entferntes Krankenhaus, die von Eis und Schneefall stark behindert war. Der Bericht ist von nervöser Bewegung der Beine unter der Bettdecke begleitet. Der Seelsorger fühlt, daß Herr A. von etwas Gefährlichem bedroht ist – in der Tat, er steht vor einer großen Operation mit ungünstiger Prognose. Warum wird der Seelsorger zunächst abgewehrt, und woher kommt später das Erzählbedürfnis? Was bedeutet die Unruhe beim Bericht von der letzten Fahrt? Was empfindet der Patient, wenn der eintritt, der sich »um seine Seele« kümmern will?

Frau B. fällt nach der Vorstellung des Besuchers in Trauer und beginnt, über ihre schwere Kindheit zu klagen, die schon 60 Jahre zurückliegt, Waisenschicksal, Heimatlosigkeit, Verlassenheit. Der Seelsorger wundert sich darüber, daß Frau B. von ihrem frühen Schicksal redet, das nicht mit der jetzigen Krankheit zusammenhängen kann. Oder etwa doch? Ist die Patientin vielleicht auch jetzt arm und verlassen? Warum aber ruft das Erscheinen des Seelsorgers spontan jene Erinnerung wach? Wie kommt es, daß da »ein kleines Mädchen« zu klagen beginnt, wenn dieser Besuch eintritt?

Herr C. ist frisch eingeliefert und möchte dem Seelsorger zu Beginn seinen Weg ins Krankenhaus schildern. Herr C. brauchte mehrere Ärzte, bis er eingewiesen wurde. Aus Versehen nennt der Patient diese Ärzte in seiner Erzählung jedesmal »Pfarrer«. Dem Seelsorger ist solche Verwechslung schon geläufig. Er unterbricht den Patienten auf dessen Weg von »Pfarrer zu Pfarrer« nicht. Was bedeutet die Verwechslung grundsätzlich, und was sagt sie aus über die Beziehung des Patienten zum Seelsorger bei diesem Besuch?

Frau D. empfängt den Seelsorger bei dessen erstem Besuch mit heftiger Anklage: »Was besuchen Sie mich, was wollen Sie von mir? Gehen Sie, ich kann Ihren Besuch nicht ertragen! Mein Vater ist gestorben, mein Mann hat Krebs und nicht mehr lange zu leben. Nun liege ich selbst hier und weiß nicht, wie es mir gehen wird. Womit haben wir das verdient? Ist das gerecht? Gehen Sie mir weg mit Ihren Trostworten – was ist denn das für ein Gott, der das alles zuläßt?!« Die Erregung und Verzweiflung der Patienten ist so stark, daß der Seelsorger es kaum ertragen kann. Warum wird er so unverhofft zur Zielscheibe des Zorns und der Abrechnung mit Gott? Was bedeutet der Trauer-Ausbruch von Frau D. für die weitere Seelsorge?

Herr E. liegt im Sterben. Er redet wirr. Es entsteht folgender Dialog:

Patient: Kopfschüttelnd genehmige ich mir ein Glas vom guten Wein und schenke es mir ein. (Der Wein ist nicht da.)

Seelsorger: Warum kopfschüttelnd?

Patient: Wenn man sowieso bald ins Gras beißen muß, kann man sich wohl einen genehmigen. Bitte reichen Sie mir jetzt das Glas.

Seelsorger: (gibt ihm die Schnabeltasse mit Wasser)

Patient: Ich stoße an auf dein Wohl, Elise. (Die Frau ist nicht da.)

Seelsorger: Es soll Ihnen gut schmecken!

Patient: Sehr gut!

Seelsorger: Wer bin ich?

Patient: Der Musikmeister. Sie leiten doch hier das Fest, das jetzt beginnt!

Wie erkennt die Seele des Patienten den Seelsorger trotz ihrer Verwirrung »richtig«? Was für ein seelsorgerlicher Auftrag ergibt sich für den Besuch beim sterbenden Herrn E.?

Frau F. begrüßt den Seelsorger mit den Worten: »Na, gehen Sie wieder Ihrer traurigen Pflicht nach?« Der so Angesprochene möchte widersprechen. Nein, er empfinde seine Arbeit nicht so. Dann besinnt er sich und erwidert stattdessen: »Ja, manche Tage im Krankenhaus sind wirklich traurig.« Nun wendet die Patientin sich zu sich selbst zurück und erzählt von der allmählichen Auflösung des Knochenbaus in ihrem Rückgrat. »Vielleicht kann ich noch ein paar Jahre herumkriechen. Das Laufen wird immer schwerer. Wenn ich aber ein Pflegefall werde, springe ich ab.« Der Seelsorger spürt die Selbstmordgedanken von Frau F. und kann sich jetzt die Frage nach seiner »traurigen Pflicht« schon halb beantworten.

Der Seelsorger kommt, und die Patienten reagieren auf sein Kommen und Besuchen. Was am Anfang geschieht, ist so aufschlußreich für das sich anschließende seelsorgerliche Gespräch, daß es wohl gar nicht ernst genug genommen werden kann. Wenn jemand in seelsorgerlicher Funktion in ein Krankenzimmer tritt, geschieht offenbar dieses: Die Menschen in den Betten fühlen »sich« besucht und empfangen den Seelsorger so, daß ihre Seele »sich« zu erkennen gibt. Die sonst meist durch Vernunft, Verstand, Selbstkontrolle, Bewußtsein oder Konvention bedeckte und sich bedeckende Seele tritt jetzt sehr oft unbehindert und unbehinderbar ans Licht. Dabei kann es vorkommen, daß die innere Befindlichkeit eines Menschen nun sogar noch deutlicher hervortritt, als es ihm selbst vorher bewußt war. Wie kann das geschehen? Eine allgemein-menschliche Erklärung wäre die, der leidende Mensch zeige seine Gefühle ungezwungener und freier als der Gesunde, und die Seele des Patienten öffne sich dem Seelsorger mehr, weil er eben sie besucht, nicht den Körper oder den Verstand. Psyologisch kann man den Vorgang als Übertragung beschreiben, als Projektion bestimmter Gefühle und Ich-Zustände auf die Person des Seelsorgers, dessen offene Figur und Funktion zur Übertragung der verschiedensten Emotionen einlädt. Doch diese Erklärungen reichen nicht aus – das Phänomen der Patienten-Reaktion kann vielmehr nur unter Einbeziehung des Religiösen verstanden werden.

Der Seelsorger ist – zuerst und hauptsächlich – eine *religiöse Symbolfigur*. Sie tritt in schwer zu beschreibender Weise direkt auf die Seele zu. Diese wird besucht und gefunden, sie entbirgt sich und spiegelt sich im Seelsorger wieder. Sie bringt zum Vorschein, was den Patienten bewegt, körperlich und geistlich. Sie überträgt auf ihn Empfindungen und Hoffnungen, Erfahrungen und Vorstellungen mancherlei Art. Der Seelsorger verkörpert als religiöse Symbolfigur z.B. die Vergänglichkeit des Menschen, z.B. die Liebe Gottes, die sich freundlich zuwendet, z.B. die Unverletzlichkeit der Seele, z.B. die Begleitung Jesu, der mit den Menschen geht. Der Seelsorger tut gut daran, die Reaktion der Kranken sorgfältig zu beachten, denn sie ist eine offene Tür zur Befindlichkeit und zu den wahren Bedürfnissen der Kranken. Die Reaktion entsteht meist im ersten Moment des Besuchs und weist dem Seelsorger den Weg zu dem, was den Patienten jetzt im Grunde bewegt.

Wir wollen das an den genannten Beispielen erläutern und danach nach den Konsequenzen für die Seelsorgetätigkeit im Krankenhaus fragen.

Auf *Herrn A.* tritt unverhofft die *Lebensgrenze* zu, als der Seelsorger ihn besucht, die Todesgefahr, die von der Seele schon deutlicher wahrgenommen wird als vom Bewußtsein. Sie reagiert mit Verstummen, Erschrecken und Abwehr, der Körper mit Unruhe. Nach einer Weile faßt sich der Patient, es setzt sich ein Bedürfnis nach Mitteilung und Anlehnung bei ihm durch. Sein Bericht ist ähnlich wie viele Erlebnisbeschreibungen von Kranken, enthält aber darüber hinaus eine besondere Symbolik. Gerade der Seelsorger soll die Geschichte von der stürmisch verlaufenen »letzten Fahrt« hören. Bei ihm wird man aufgenommen in Angst und Verlassenheit, wohl auch begleitet, wenn die Fahrt sich ihrem Ziele nähert. Im seelsorgerlichen Besuch begegnet der Kranke seinem eigenen Geschick, aber auch der Macht, der man bis zuletzt am meisten *vertrauen* kann.

Frau B. fällt beim Erscheinen des Seelsorgers in den Ich-Zustand des kleinen Kindes, sie regrediert. Warum kommt es so prompt dazu, beim Eintreten einer unbekannten Person? Offenbar kommt mit dem geistlichen Besuch etwas ins Zimmer, das die Patientin an ihre Verlassenheit und *Sehnsucht nach Vater und Mutter* erinnert. Unsere Gottesbeziehung ist der menschlichen Elternbeziehung verwandt, wenn wir uns allein fühlen, kommen wir zum himmlischen Vater wie Kinder. Frau B.'s Seele zeigt sich dem Geistlichen spontan so, wie sie es gerade braucht, oder so, wie sie sich immer zeigt, wenn das »Väterliche« zu ihr tritt, zu dem sie schon in der Kinderzeit allen Jammer getragen hat. Der Seelsorger kann nicht wissen, wie lange Frau B. ihn als Verkörperung der göttlichen *Geborgenheit* gebrauchen wird. Er spürt nur, daß Frau B. eine starke Beziehungsbrücke zu ihm gebaut hat, und daß das, was eingangs geschieht, nichts Negatives ist. Er kann darauf vertrauen, daß Frau B. bald aus dem befremdlichen Rückgang in die Kindheit zurückkehren wird. Frau B. findet wirklich wieder zu ihrer Ich- und Gegenwartskraft und erzählt, wie sie ihr Leben jetzt meistert, sie selbst blind, ihr Mann fast taub. Das Bei-der-Patientin-Stehen der seelsorgerlichen Symbolfigur hat ihr am Ende Beistand gegeben, Kraft für die Bewältigung ihrer Aufgaben.

Herr C. nennt die Ärzte »Pfarrer«, so wie viele Patienten zum Seelsorger »Herr Dr.« sagen. Die Verwechslung ist sehr häufig und ist deshalb – psychologisch gesehen – kein zufälliges Versprechen, sondern Ausdruck einer seelischen Zusammenschau von Seelenhelfer und Körperhelfer, Arzt und Priester. Die Seele bringt beiden die Erwartung entgegen, daß *Heil* und *Heilung* von ihnen ausgeht. Diese positive Ausstrahlung bewirkt, daß der Krankenhausseelsorger in den meisten Zimmern freundlich aufgenommen wird. »Sie wollen uns gesund machen«; »Über einen Besuch von Ihnen freue ich mich immer«; »Sie sprechen uns Trost zu und geben uns guten Rat«; »Sie sehen nach uns, das tut uns wohl«; »Sie helfen uns, unser Los ertragen zu können«. Solche Äußerungen geben Kunde von einer urreligiösen Übertragung auf geistliche Personen, von denen *Hilfe, Licht* und *Hoffnung* auszugehen scheint. Sie sind allgemein, aber nicht zu verallgemeinern, denn individuell sagt jede Äußerung etwas Besonderes über die jeweilige Lage, Lebens- und Gottesbeziehung eines Patienten. Es gilt herauszuhören, was der Kranke über sich selbst sagt, wenn er etwas über den Besucher sagt. Welche Beziehung zu seiner Krankheit und Behandlung drückt Herr C. mit seiner »Verwechslung« aus?

Die Patientin im *Beispiel D* überhäuft den Seelsorger mit Klagen, die sie eigentlich an eine andere Stelle richten möchte. Ihr Wehruf braucht ein Gegenüber mit Gefühl und Gesicht – das Schicksal hat ja beides nicht. Obwohl die Patientin den Seelsorger zurückweist, fühlt er sich von ihr nicht aus dem Zimmer gewiesen, sondern eher festgehalten und nötig gebraucht. Er fühlt: Hinter aller Enttäuschung und Verbitterung sehnt sich die Patientin nach *Sinn, Ganzheit und Güte.* Ihre momentane Erschütterung ist furchtbar, und der Kampf ihres Herzens mit dem Seelsorger ist für beide Teile ungeheuer schwer. Aber mitten in der lichtlosen Finsternis scheint sich Frau D. doch an Gott zu klammern, den sie für ihr Leben immer gebraucht hat. Oft geschieht es, daß aus dem verzweifelten De profundis und aus der leidenschaftlichen Hiobsklage am Ende eine tiefere Gottesbeziehung entsteht. Ist Gott vielleicht manchmal gerade dort, wo er nicht zu sein scheint, ist er nah als der Ferne, mit-leidend als der Unbarmherzige, lebendig machend als der zu töten Scheinende? Vielleicht kann Frau D. ihn eines Tages wieder so empfinden: als guten *Hirten, Bewahrer* und *Garant des Lebens.*

Im verwirrten Zustand hat der sterbende *Herr E.* ein wunderbares Erlebnis: ein festlicher Umtrunk in der Gemeinschaft der Ehefrau und mit dem Seelsorger als *Gastgeber.* Die Bilder, die er sieht, erinnern ans Abendmahl, an den Becher von Ps. 23, der voll eingeschenkt wird im Angesicht tödlicher Bedrohung, und an das königliche *Festmahl* im Reich-Gottes-Gleichnis Jesu. Der Seelsorger ist als Musikmeister die Gestalt, die den Sterbenden mit Gottes *Ewigkeit* verbindet und in die Freude des Himmels einführt. So hat die verwirrte Seele von Herrn E. den Seelsorger unbehindert so in Anspruch genommen, wie sie ihn jetzt gerade brauchte: als Begleitung beim Übergang in die andere Welt. Herrn E.'s Geschichte ist außerordentlich und zeigt doch etwas Regelhaftes: Man kann an ihr erkennen, daß die Seele selber zeigt, was sie mit dem Seelsorger anfangen kann und will, und was infolgedessen der Auftrag des Seelsorgers ist.

Frau F. sieht im Seelsorger einen Menschen, der seiner »traurigen Pflicht« nachgeht, weil sie selbst traurig ist. Im Krankenhaus liegen viele hoffnungsvolle Fälle, wenn der Seelsorger aber in dieses Zimmer kommt, dann spiegelt die Seele nur ihr eigenes, hoffnungsloses Befinden in seiner Figur. Man kann sagen: Frau F. überträgt ihre Traurigkeit auf den Seelsorger, und er wird dadurch zu einer Gestalt, die nichts als Traurigkeit an sich hat. Religiös betrachtet, ist der Seelsorger aber auch die Person, auf die man Traurigkeit werfen kann, weil Gott die *Leidtragenden tröstet.* Wenn Frau F. das Bedürfnis hat, ihre Krankheitslage zu erzählen und ihre suizidalen Absichten zu offenbaren, dann auch in dem Zutrauen, daß sie in ihrer Verzweiflung Erleichterung erfährt, denn der Seelsorger ist für die Seele von Frau F. derjenige, der die *Traurigen begleitet und die Bedrückten tröstet.* Aus dem Akt des Sich-Anvertrauens empfängt die Patientin, was ihre Seele braucht.

2. Folgerungen für die Seelsorge

a) Für die Seelsorge-Beziehung

Es gibt eine Brücke zwischen dem Kranken und seinem Besucher, die schon bei der Vorstellung des Seelsorgers geschlagen wird. Sie entsteht wie von selbst und ermöglicht den Besuch und trägt die Beziehung. Die Seele des Patienten fühlt sich von jemand aufgesucht, der ihr auf jeden Fall wohl will, der sich um sie sorgt, bei dem sie sich aufgehoben fühlen kann. Und sie schlägt eine Brücke zum Besucher, auf der sie ihn einlädt, sie ein Stückweit zu begleiten. Die Brücke ist meist aus gutem, hellem Material gebaut und erweist sich als tragfähig, auch wenn dunkle Inhalte auf ihr transportiert werden. Der Seelsorger spürt, wenn Patienten vielleicht keine Brücke zu ihm bauen können, und er wird das respektieren können um der Vielen willen, die etwas mit seinem Besuch anfangen können.

Wenn jemand mit der Arbeit der Krankenhausseelsorge neu beginnt, kann es sein, daß Ängste ihn zu den Betten begleiten, weil er von der Brücke noch nichts weiß: Wie werden die Patienten mich empfangen? Werden sie mich annehmen und von meinem Hilfsangebot Gebrauch machen? Werden sie mich nicht als Funktionär(in) der Kirche zurückweisen? Wie kann ich sie spüren lassen, daß ich ihnen beistehen will? Was habe ich denn zu bringen – ist der »liebe Gott« diesen Leidenden nicht vergangen? Der Anfänger in der Krankenhausseelsorge glaubt, diese Brücke selbst bauen zu müssen – und steht doch schon auf ihr, sobald er mit den Patienten Kontakt aufgenommen hat. Erst allmählich, wenn ihm die Annahme durch die Patienten zur Erfahrung wird, festigt sich das Vertrauen in seine Tätigkeit in ihm. Der Seelsorger erlebt in den Krankenzimmern, daß die Patienten ihn gern sehen, auf vielfältige Weise willkommen heißen und ihm oft schon an der Tür Dankbarkeit entgegenbringen. Manche Patienten falten die Hände und werden erwartungsvoll still, andere beginnen spontan, von ihrem Ergehen zu erzählen, wieder andere äußern schon bei der Anrede, was ihnen der Seelsorgebesuch bedeutet. Sie fühlen den Zuspruch, die Zuwendung, die Teilnahme gewissermaßen schon im Erscheinen des seelsorgerlichen Besuchs. Weil das so ist, kann der Seelsorger seine Hemmungen allmählich überwinden.

Natürlich signalisieren die Patienten nicht immer den Wunsch nach Beziehung. Nicht selten spürt der Seelsorger auch Desinteresse, Abneigung oder Ablehnung, eine Sperre, die ihm unerklärlich bleibt, und die er nicht überwinden kann – es sei denn, er spricht sie so geschickt an, daß der Patient seine Gefühle zu erläutern fähig wird. Ebenso muß der Seelsorger damit rechnen, daß er unfreundlich, spöttisch oder aggressiv empfangen wird. Dann z.B. ist die Beziehung von Anfang an schwer belastet, wenn mit dem Seelsorger das Dunkle und Hoffnungslose eines Krankheitsschicksals »ins Zimmer hereinkommt«. In diesem Fall kann der Seelsorger darauf hoffen, daß sich ihm vielleicht wieder eine Hand entgegenstrecken wird, wenn es ihm gelingt, den betroffenen Kranken mit Stetigkeit und liebevoller Zurückhaltung weiterzubegleiten.

Ein anderer Einwand gegen die hier aufgestellte These von der initialen Übertragung kann so lauten: Das Seelsorgegespräch ist ein Prozeß, und die seelsorgerliche Beziehung entwickelt sich erst allmählich, etwa durch die Hör- und Einfühlungsfähigkeit des Seelsorgers, aber auch durch die Tatsache, daß Vertrauen viel Zeit braucht. Das ist auch so. Oft kommt erst spät, nach einer langen Annäherungsphase, das hervor, was einen Patienten besonders bewegt. Trotzdem dürfen wir wohl davon ausgehen, daß die seelische »Beauftragung«, der emotionale »Kontrakt« schon in der ersten Reaktion zustandekommt, und daß so etwas wie die »Einleitung zum Thema« oft schon in den Begrüßungsworten gegeben wird. Deshalb ist die unerklärbare brückenschlagende Projektion durch den Patienten, die am Anfang geschieht, wohl die wichtigste Voraussetzung für die seelsorgerliche Arbeit im Krankenhaus.

Wie von selbst wird der Seelsorger in das Leben und Fühlen vieler Patienten einbezogen, weil es der Seele der Kranken offenbar unmittelbar positiv erscheint, daß der Seelsorger *sie* besucht. Wie von selbst entsteht auch oft der Auftrag, weil die Seele der Patienten bekundet, wie sie besucht und »besorgt« sein möchte. Der Seelsorger handelt diesem Auftrag gemäß, wenn er sich Mühe gibt, wahrzunehmen und aufzunehmen, was ihm zu Beginn von den Patienten entgegengebracht wird. Und er bleibt diesem Auftrag treu, wenn er darauf achtet, beim eingangs anklingenden Thema zu bleiben und den Patienten nicht in eine andere Richtung zu lenken. Entscheidend ist: Er soll auf jene Brücke achten, die in jedem Fall geschlagen wird, sie richtig gewichten und so betreten, daß die Seelsorge der Vorgabe und dem Wunsch des Patienten kongruent wird. Dann wird die Begegnung gelingen.

b) Für die pastorale Identität

Der Seelsorger, der im Auftrag Jesu Christi zu den Kranken kommt, kann vielleicht auf dreierlei Weise seiner Identität noch gewisser werden:
Er kann ein *missionarischer* Seelsorger sein, der vor allem auf die

Selbstwirksamkeit und die heilende, glaubenschaffende Kraft des Wortes Gottes traut, das er sich verpflichtet weiß, am Krankenbett auszurichten.

Er kann ein Seelsorger *weltlich-psychologischer* Art sein, der beim Patienten etwas bewegen und ihn bei der Verarbeitung seiner Krankheitsnöte vorwärtsbringen will. Er sieht in solcher Lebenshilfe auch ein Stück göttlicher Hilfe, weil Gott auch zum irdischen Leben ja sagt.

Und er kann ein *liebevoll-diakonischer* Seelsorger sein, der dem Kranken beistehen und ihm etwas von seiner Last abnehmen will. Es ist ihm wichtig, etwas von der göttlichen Barmherzigkeit in Form von Nähe, Einfühlung und Mitleid spüren zu lassen und weiterzugeben.

Nach Lukas 10 sei gefragt: Wer von den dreien ist dem, der ins Krankenhaus gekommen ist, der Nächste gewesen? Jeder wird hoffen, daß er es sei.

Nach unserer Beobachtung ist das »Wer bin ich?« allerdings für viele Seelsorger nicht deutlich geklärt. Das mag mit der besonderen Situation im Krankenhaus zusammenhängen, oder auch mit der allgemeinen Schwierigkeit, im religiösen Bereich so etwas wie »festen Boden« zu finden. Manchmal führt die Unsicherheit den Seelsorger zu unruhigem Aktivismus und zu angestrengter Arbeit, die für die Patienten belastend werden kann. Weil die *Seins*-Frage ungeklärt ist, erhofft sich der Seelsorger Hilfe aus der Flucht in das *Machen*. Dabei verliert er aber leicht die Möglichkeit, dem Patienten ein gutes Gegenüber zu bleiben. Dazu gehört ein in sich ruhendes, entspanntes Selbstgefühl, Abstand und Augenmaß.

Wir halten es darum für weiterführend, wenn sich der Seelsorger seine pastorale Identität nicht selbst herstellt, sondern schenken läßt. Und zwar in der auf Erfahrung beruhenden Zuversicht, daß er sie wirklich bekommt, weil er sie in den Augen der Patienten schon hat. Welches seine Identität ist, das wird sich zeigen. Er tritt in die Krankenzimmer und kann dabei für die Patienten je Verschiedenes symbolisieren:

Die Patienten sehen in ihm etwas Brüderlich-Diakonisches (Christus solidarisch mit den Leidenden); etwas Väterlich-Bewahrendes (Gott behütet vor aller Gefahr); etwas Tröstendes und Heilendes (Christus Heiland der Kranken); etwas Schicksalhaft-Bedrohendes (Gott als

Finsternis des Geschicks; der Herr über Leben und Tod); etwas Begleitendes und Führendes (Christus der Hirte in dunklen Tälern und an letzten Grenzen); etwas Strafendes-Richtendes (Gott als die Macht, die Sünde vergilt); etwas Prophetisch-Mahnendes (Christus als zur Umkehr rufende Stimme); oder etwas Ganzmachendes-Neuschaffendes (Gott als Wiederbringer aller Dinge und Erneuerer des Lebens).

Die meisten dieser Übertragungsbilder der Seele sind positiv und machen aus dem Seelsorger eine Art »Segensträger«. Sie sind mit der Einladung an ihn verbunden, der Beauftragung entsprechend an den Patienten zu handeln. Der durch die Seele der Patienten »identifizierte« Seelsorger sollte keine Schwierigkeit haben, sich in seinem Amt identisch zu fühlen. Der kranke Mensch zeigt dem Seelsorger, was er ihm bedeutet, und was er braucht und will. Das ist genug, um zu wissen, wer man als Seelsorger ist, und als solcher arbeiten zu können.

Der Seelsorger, der jene initiale Übertragungs-Reaktion zu einer wichtigen Grundlage seiner Arbeit macht, *hat* seine Identität, weil er selbst im Glauben an die lebendige Wirkung des dreieinigen Gottes steht; er läßt sie sich aber auch von den Patienten her immer neu *zuweisen*, die ihn spüren lassen, was er für sie in einem bestimmten Augenblick religiös symbolisiert. Er kann flexibel an den jeweiligen Ausdruck einer Seele anknüpfen und wird damit sowohl der Beziehung als auch seinem geistlichen Auftrag gerecht. Darin liegen Vorteile gegenüber den »Identitäten«, die oben beschrieben sind:

Der mehr *verkündigende* Seelsorger muß sich vorsehen, nicht über dem Zusprechen des Wortes die Beziehung zum Patienten und die Situation der Seele zu verlieren. Er könnte bei allem guten Willen manchmal seine Identität mehr aus sich selbst gewinnen als aus dem seelsorgerlichen Bedürfnis des Patienten.

Der mehr *psychologisierende* Seelsorger könnte Gefahr laufen, ohne Patientenauftrag zu handeln und mit der Seele der Kranken zu machen, was ihr vielleicht nicht gefällt. Auch er könnte seine Identität durch die abnehmende Qualität der Beziehung in Frage gestellt sehen.

Der mehr *mitleidsvolle* Seelsorger könnte ein »hilfloser Helfer« werden, der sich so sehr darauf konzentriert, dem andern nahe zu sein, daß er nicht mehr fühlt, wer er selbst ist. Er könnte Gefahr laufen, in

der Beziehung aufzugehen und damit auch seine Identität als Gegenüber des Patienten einzubüßen. (Ohne Distanz kann sich der Seelsorger die Frage nicht mehr stellen: Wer oder was bin ich dem andern im
Moment, als was will mich der Patient jetzt gerade gebrauchen?)
So glauben wir, sagen zu können, daß diejenige Seelsorge am ehesten
pastorale Identität vermitteln kann, die gleichzeitig die Beziehung
und den geistlichen Auftrag beachtet und gleichzeitig Nähe schenkt
und auch die Freiheit von Patient und Seelsorger wahrt: Es ist die
Seelsorge, die sich auf die Befindlichkeit des Patienten hinrichtet, wie
sie sich in Gegenwart der Symbolgestalt des Seelsorgers artikuliert,
und die sich dem zuwendet und dienstbar macht, was sich hierin als
seelisches Bedürfnis des Patienten anmeldet.

c) Für die Seelsorge-Theologie

In den 70er Jahren kam die »Neue Seelsorgebewegung« von Amerika
herüber. Ihre Hauptimpulse waren wohl zwei: 1. die Überwindung
des Patriarchalischen in der Seelsorge (Rogers' »unconditional positive regard«), 2. die Öffnung der Seelsorge für die Human-Wissen-
schaften (im »Pastoral Counseling«). Auch bei uns hat sich durch die
Seelsorge-Bewegung etwas verändert. Jesus, der annehmende und
dienende Bruder wurde zum Paradigma der Seelsorge in einer demo-
kratischen Gesellschaft. Die Jesus-gemäßen Haltungen in der Gesprächsführung: positive Wertschätzung, emotionale Wärme, Einfühlung und Annahme sind auch theologisch von großer Bedeutung.
So prägt die christliche Psychologie von Rogers eine Generation von
Seelsorgern, die in ihrer Praxis mehr Kompetenz und in ihrem Handeln mehr theologische Klarheit gewonnen hat.
In der Literatur der Neuen Seelsorgebewegung wird vor allem die
Seelsorge-*Beziehung* theologisch gewürdigt, nachdem von Rogers
her anfänglich nur die seelsorgerlichen *Haltungen* theologisch im
Blick waren. Darauf soll hier eingegangen werden, damit die Im-
pulse, die von der »Übertragung der seelsorgerlichen Aufgabe« aus-
gehen könnten, nachher deutlicher werden.
Clinebell sagt: »Eine echte Seelsorgebeziehung kann eine Weise der
Gegenwart Gottes, eine Wirkung des Leibes Christi sein.«[1] Auch für

---

1 Howard Clinebell, Modelle beratender Seelsorge, München 1973, S. 31.

Stollberg ist die Verleiblichung Gottes in der Seelsorgebeziehung wichtig. Im Sinne der Inkarnations-Theologie führt er aus:»Warum sonst wäre Gott Mensch geworden! Gottes Liebe gewinnt *für uns* Gestalt als Menschenliebe... Der Logos Gottes gewinnt in der Seelsorge *Gestalt* in einer menschlichen Beziehung; er ist nicht mit dieser identisch und doch nicht von ihr zu trennen.«[2] Weiter vergleicht Stollberg die Gegenwart Christi in der Seelsorgebeziehung mit seiner Gegenwart im Sakrament. Der Realpräsenz im Sakrament ähnlich, ist in der Seelsorgebeziehung die Präsenz Gottes für den Glauben eine Realität. Freilich sind in dem von Stollberg so genannten »Sakrament der seelsorgerlichen Kommunikation«»Est« und »Significat« so ineinander eingeschlossen, daß Gott in, mit und unter dem Beziehungsgeschehen gegenwärtig ist *und* verborgen bleibt.[3]

Die hier angesprochene Gegenwart Gottes in der Seelsorgebeziehung kann im *Glauben* erfahren und von der *Theologie* festgestellt werden. Wir würden die geistlich begriffene Wirklichkeit gern durch die Erfassung realer seelischer Vorgänge ergänzen und so diesen Aussagen ein Stück *Empirie* hinzufügen.

Dazu halten wir es für hilfreich, die *Personen* der seelsorgerlichen Begegnung und die *seelischen Prozesse,* die zwischen ihnen ablaufen, theologisch auch in den Blick zu nehmen. Die Personen verdienen Beachtung, wie wir zu zeigen versucht haben: Der *Seelsorger* als religiöse Symbolfigur und der *Kranke,* der bestimmte seelische, religiöse Inhalt auf ihn überträgt. *Vor* allem In-Beziehung-Treten und *vor* allem Handeln liegt dieser Übertragungsvorgang, durch die der Seelsorger dem andern wird, was dann Seelsorge ermöglicht. Der Klient geht auf den Seelsorger zu, nimmt ihn an und gibt ihm eine geistliche Bedeutung, wie sie für seine Seele jetzt gerade gültig und wichtig ist. Was sich hierbei ereignet, ist theologisch ebenso bedeutsam wie das, was später im Gespräch und in der Beziehung geschieht (denn dadurch wird die Beziehung begründet und das Gespräch thematisch vorbereitet).

Von der Neuen Seelsorgebewegung wird die Person des *Seelsorgers* theologisch gewürdigt, weniger allerdings die Person des *Klienten* mit ihrem grundlegenden Beitrag. Zur Person des Seelsorgers wird

---

2 Stollberg, Praxis und Proprium – ein Literaturbericht, WuPKG 66, 1977, S. 384.
3 Stollberg, Wahrnehmen und Annehmen, Gütersloh 1978, S. 40.

gesagt: Er ist Instrument, Medium, Modell, Manifest, Katalysator oder Transparent für die Liebe Gottes. Clinebell:»Meine Person mit allen Mängeln und ihrer Unzulänglichkeit hat ein Instrument sein dürfen, dessen sich die Macht des Universums zur Heilung eines Menschen bediente . . . Die Persönlichkeit des Pfarrers ist das einzige Instrument, um die frohe Botschaft durch das Medium zwischenmenschlicher Beziehungen weiterzugeben.«[4] »Alles Heilen kommt von Gott . . . Der Seelsorger ist der Katalysator in einem Vorgang, den er nicht hervorbringt, den er nur auslösen und fördern kann.«[5] Faber: Der Seelsorger ist der, der »alles versucht, als wirklicher ›Hirte‹ bei ihnen (scil.: den Patienten) zu sein, d.h. um ihn im tiefen Sinn des Wortes zu vergegenwärtigen.«[6] Mayer-Scheu beleuchtet die Person des Seelsorgers nicht nur von dem her, was sie zu tun versucht, sondern auch von der uns hier wichtigen symbolischen Seite her:»Jeder Mensch braucht die Erfahrung des ›Begleiters‹ als Transzendenzerfahrung, die ihn befähigt zum Aushalten, zum Weitergehen, zur Grenzüberschreitung . . . Die Figur des Begleiters bedarf der Bezeugung und Verkörperung in mitgehenden Menschen . . .«[7]

Wir fragen: Müßten solche Sätze nicht empirisch und theologisch vertieft werden? Und müßte nicht auch die Symboltätigkeit der Seele des Klienten noch mehr Aufmerksamkeit erhalten? Könnte nicht eine»von unten«, von der Seele her geschriebene Pastoral-Theologie die»von oben« geschriebene bereichern?

Das sei hier lediglich angedeutet. Wir halten zum Schluß fest, was der Seelsorger sich bei allen Gesprächsbeziehungen fragen sollte, wenn er die»Übertragung der Aufgabe« ernst nimmt: Wer bin ich jetzt für den andern? Als was sieht er mich, nun, wo ich bei ihm bin? Was kann ich ihm im Dienst der Seelsorge werden (also: wie verhalte ich mich), um dem Bild und Bedürfnis seiner Seele kongruent zu sein? Wenn der Seelsorger das beachtet, dann respektiert er auch den theologischen Beitrag, der vom Patienten herkommt.

Sich vom Patienten her beauftragen zu lassen, widerspricht nicht unserem Auftrag, der von Gott her kommt. Alles, was uns hilft, den Patienten richtig zu achten und zu verstehen, läßt uns unseren seelsor-

4 Clinebell a.a.O., S. 28.
5 Ebda. S. 32.
6 Heije Faber, Der Pfarrer im modernen Krankenhaus, Gütersloh 1970, S. 11.
7 Josef Mayer-Scheu, Seelsorge im Krankenhaus, Mainz 1977, S. 35f.

gerlichen Auftrag im Dienst Jesu Christi besser erfüllen. Wir können nur versuchen, der Seele Beistand zu geben, – aber »alles Heilen kommt von Gott«.[8]

8 Ein Krankenhausseelsorger unterstreicht das in einem Aufsatz so: »Der Seelsorger, der in der Übertragungs-Situation versagt, verläßt seinen Platz an Christi Statt. Denn der Seelsorger steht in einem zweifachen Dienst der Stellvertretung: Er vertritt Christus vor dem Leidenden (Lk. 10,16) und den Leidenden vor Christus« (H. Döbert, Seelsorge am Krankenbett und im Krankenhaus; in: Der leidende Mensch, hg. v. H. Schulze, Neukirchen 1974, S. 52f.).

Zur geistlichen Praxis der Seelsorge im Krankenhaus

1. Die Kranken trösten

Kranke freuen sich, wenn der Seelsorger kommt – aber Kranke werden auch traurig. Es kommt vor, daß sie zu weinen beginnen, wenn wir kaum noch mit ihnen gesprochen haben. »Mit uns« kommt plötzlich klarer über sie, in welch trauriger Lage sie sich befinden. Daß sie so lang oder so schwer leiden müssen, wird ihnen jetzt ganz besonders als *Leid* bewußt. Offenbar bringen wir etwas ans Bett der Kranken, das sie zur tieferen Erfahrung ihres Geschicks führt. Viele Patienten lassen ihren Schmerz auch als Enttäuschung spüren: sie sind enttäuscht von Gott, der sie so »geschlagen« hat. Auf seine verläßliche Güte hatten sie gehofft, weil er immer bei ihnen gewesen war. Nun können die Tränen zum Ausdruck bringen: Ich bin betroffen von einem mir dunklen göttlichen Willen, ich habe keine Kraft mehr, das Glauben fällt mir schwer, die Last der Krankheit drückt mich tief. Es gibt wohl keinen Tag in der Arbeit eines Krankenhausseelsorgers, an dem er nicht Menschen weinen sieht, die er besucht. Und allermeist kann er dies Weinen als ein »In-Gott-traurig-Werden« verstehen.

Die »Auslösefunktion«, die das Kommen des Seelsorgers haben kann, weist wieder auf die Symbolik hin, die sein Erscheinen umgibt. Er ist ein »Bild«, ein »Typos«, auf den tief innere Bewegungen projiziert werden. So, wie viele Patienten am Anfang des Besuchs spontan äußern: Es ist schön, daß Sie kommen, uns zu trösten!, – weil sie uns *dieses Bild* entgegenwerfen, ebenso kann unser Kommen Trauer und Tränen auslösen, weil Patienten dabei von ihrer Trostlosigkeit und Verzweiflung berührt werden. Sie tragen einen seelischen Schatten in sich und werfen ihn auf den Seelsorger, und es scheint ihnen dabei oft, dieser fiele vom Seelsorger her heftig auf sie herein. Ebenso können sie Getrostheit und Hoffnung in sich tragen, und dieses Gefühl wird ihnen unmittelbar aussagbar, wenn der Seelsorger kommt.

Der positive wie der negative Fall deuten darauf hin, daß Trost-Geben in der Krankenhausseelsorge eine Hauptsache ist, weniger weil wir es machen sollten oder könnten, sondern weil es sich ereignet und »in« uns erwartet wird. So wie ein wichtiger Sinn der Religion, des Glaubens und des Gottesdienstes der Trost ist, so steht – gerade im Krankenhaus – im Mittelpunkt der Symbolik, die den Seelsorger umgibt, wohl das Trösterbild. Gerade auch da, wo die Kranken »durch« den Seelsorger trostlos werden, bringen sie zum Ausdruck, was ihnen eigentlich fehlt und im ganzen Leben wichtig ist: Getrostheit. Wir sind Menschen und können nicht überall und ohne Ende trösten. Als professioneller Trostredner würde der Seelsorger eher trostlos wirken. Die Patienten empfangen den ersehnten Trost darum auch nicht so sehr aus den Worten des Seelsorgers, sondern mehr aus dem Daß und Wie seines Besuchs, aus der Symbolik der Zuwendung und aus der Haltung des verstehenden Annehmens. Aktiv tröstende Worte (». . . wie einen seine Mutter tröstet«) sind nur möglich und sinnvoll bei einer kindhaften Beziehung zum Seelsorger, die u. a. eine engere Beziehung voraussetzt. Biblische Trostworte sind sinnvoll, wenn sie den Trost unterstreichen vom Glauben her verstärken, der sich im Seelsorgegespräch selbst schon eingestellt hat.

Wie sehr das Trösten nicht identisch ist mit dem Sprechen von tröstlichen Worten, das sei am Amt der Tröstung ganz verzweifelter Menschen verdeutlicht. Verzweifelte, an Gottes Gerechtigkeit »erkrankte« Patienten, die die Warum-Frage stellen und nach eigener Schuld suchen, gibt es ja so viele. Wahrscheinlich kommt kein Mensch durchs Leben, ohne diese bohrend-traurige Frage einmal oder öfter stellen zu müssen. Wahrscheinlich ist sie Teil der Not des Kranken bei jeder schweren Krankheit. Wie verhalten wir uns, wenn nach Schuld und Gottes Gerechtigkeit gefragt wird?

Der Seelsorger kann versucht sein, den Patienten über seine quälende Erfahrung wegzutrösten, indem er an die Sündenvergebung oder an die ewige Gerechtigkeit im Himmel erinnert. Aber auf diese Weise entsteht kein Trost, kein befreites Gewissen, kein erneuertes Gottesverhältnis. Dogmatisierende Verkündigung, wie alle an den Kopf gerichtete Belehrung erreicht das Herz nicht. Zwanghaftes Positiv-Reden kann die Seele des andern manchmal eher noch tiefer verstimmen.

25

Es gibt nach unserer Meinung keinen anderen Weg, dem Patienten zu helfen, als mit ihm zusammen das dunkle Tal der Verzweiflung und Gottverlassenheit zu betreten. Vielleicht ist gerade dies auch ein ernster, wichtiger Teil des christlichen Auftrags: solidarisches Mit-Erleiden der Tiefe, Mit-Ertragen des Getroffen- und Geschlagenseins des Kranken. Von christlicher Theologie her könnte man es so ausdrücken: Wenn der Patient hierin sein Kreuz erleidet, so gegen den Augenschein doch nicht ohne Christus. Und vielleicht darf man sagen: In dem stummen Mit-Aushalten des Seelsorgers ist auch etwas von dem Gehorsam Christi gegenwärtig, der ohnmächtig und ohne Antwort von Gott erlitt, was er erleiden mußte. Es scheint da keinen Trost zu geben, nur die Sinnlosigkeit und Traurigkeit des Leidens. Und doch ist die Güte Gottes in diesem Kreuz, das da zu tragen ist, zwar verhüllt und verschlossen, aber nicht ausgelöscht. Wenn der Kranke das Bedürfnis hat, sein Leid *uns* mitzuteilen, dann sucht er doch in uns aufs Neue die ihm so verdunkelte Güte Gottes. Und wenn wir die Ungerechtigkeit des Krankenschicksals mit auf uns nehmen und die Verlassenheit des Patienten als »Transparent« des erniedrigten Herrn mit zu tragen versuchen, dann können wir, so Gott will, auch zum Transparent der Güte Gottes werden, die uns in Christus bis zum Ende geliebt hat und doch nicht fallenläßt. Daß sich das ereignet – wir können es nur hoffen. Aber bei vielen dieser traurigen Gespräche entsteht im Seelsorger (!) zuletzt so ein getröstetes Gefühl, als sei er durch Nacht zum Licht gekommen. Es kann wohl nicht anders sein: auch im Patienten muß sich durch das Anvertrauen des Schweren etwas verändert haben, auch er muß etwas von der getrösteten Helligkeit spüren, die da mitten im Leid entstand. Vielleicht gilt in dieser Situation das Wort: »Dem andern ein Christus werden« in beiden Richtungen, der Kranke, mit Gott Ringende für den Seelsorger und der das Leiden mit aushaltende Seelsorger für den Kranken. Die sich gegenseitig zum Christus Werdenden dürfen hoffen, hinter dem Leid und dem Tod auch wieder das Licht des Lebens zu sehen.

Der Seelsorger und die Traurigen, Mutlosen, Untröstlichen gehören zusammen, noch mehr als der Seelsorger und die Fröhlichen. Die Glücklichen lassen ihre Freude zu Gott hinaufsteigen. Gott neigt sich in seiner Barmherzigkeit zu den Traurigen hinab. Viele Menschen erleben deshalb den Besuch des Seelsorgers als tröstlich. Was er in der

Zuwendung zum Kranken, im Einfühlen, Zuhören und Verstehen tut, möchte unausgesprochen etwas von der tröstenden Barmherzigkeit Gottes mitteilen. Der Kranke fühlt die Sym-Pathie des Seelsorgers als tröstlich und wohltuend, weil seine Seele darin etwas von der Zuneigung Gottes empfängt. Und immer wenn der Seelsorger spürt, wie ein Trauriger ihm vertrauen und sich anvertrauen kann, ist er es vielleicht selbst zuerst, der getröstet wird. Denn dann ist auch er dem Herrn begegnet.

2. Mit ihnen beten

Liegt einer krank, der betet – fast immer. Dürfen wir davon ausgehen, daß das so ist? Sehr viele sagen, daß sie beten, andere sprechen nicht davon. Einige schämen sich vielleicht, wenn sie sich dabei ertappen: warum gehen mir jetzt die Hände zusammen, wenn ich doch vorher das Gebet auch nicht gebraucht habe? Vielleicht betete »es« schon manches Mal in unserer Seele, und wir haben es kaum gemerkt. Die Seufzer zu Gott können kurz sein, die Ausrufe von Glück oder Angst kaum bewußt. Wahrscheinlich wird im Krankenhaus mehr gebetet als an irgend einem anderen Ort. Not und Krise, Trauma und Verlust öffnen die Seele »wie von selbst« in Richtung auf die »Zuflucht für und für«. Hinter den Kranken stehen die besorgten Angehörigen mit ihrem Gebet. Wenn es oft schwer über die Lippen geht, jetzt, wenn einer krank liegt, wird das Gebet zu etwas beinahe Natürlichem. Daß das so ist, weist wieder darauf hin, daß die Seele schon immer in Gott Halt sucht. Sie hat eine angeborene Fähigkeit und Neigung, mit Gott in Verbindung zu treten, und der Seelsorger erfährt das in der Reaktion der Patienten auf seine Besuche. Psychologisch betrachtet, könnte man Beten – zumal dasjenige, wo wir einen andern für uns beten lassen, wie in der Krankenseelsorge – als Akt der »Regression« bezeichnen, als ein Sprechen aus dem Kind-Ich heraus. Deshalb fällt es dem erwachsenen Menschen manchmal schwer. Ohne diesen »Rückfall« freilich, der ein Sich-Zurückfallen-lassen in die Arme eines andern, Gottes, ist, könnten wir im Leben nicht vorwärtsgehen. Ohne den »Rückschritt«, der in Wahrheit ein Schritt über uns hinaus ist, könnten wir das Schwere des Lebens oft nicht verkraften. Für den Kranken ist das Gebet eine Hilfe, sich selbst nicht verloren zu gehen und in einer leidvollen Erfahrung vertrauensvoll überleben zu können. Er sammelt darin Ruhe, Gelassenheit und Mut, wird fähig, Unabänderliches zu tragen, und lernt, für jeden Tag Zuversicht zu gewinnen. Sein Gesicht wird heller, wenn er betend sein Schicksal aus einer anderen Hand anzunehmen bereit wird. Auf besonders schöne Weise fühlt sich der mitbetende Seelsorger dem Patienten verbunden, so als stünden sie gemeinsam in der Liebe Gottes. Auch für den Seelsorger ist es wohltuend, mit dem Patienten zusammen zu »regredieren«, denn auch seine Kraft wird darin erneuert. Ein kindliches Tun ist das Beten, es haftet aber nichts Kindisches daran. Einfach Menschliches spricht daraus und der Glaube, von dem der Genesene sagt: Er hat mir geholfen.

Wie kommt es zum Gebet mit dem Kranken? Antwort: Dann, wenn es dazu kommt! Das Gebet wird nicht zielbewußt angesteuert, sondern ist ein sich ereignender Glücksfall. Es ist abhängig von der »Situation«, von der »Echtheit« und von der »Kongruenz« in der Seelsorgebeziehung. Situation: Es soll erwachsen aus dem Gesprächsgeschehen. Echtheit: Es soll mit dem Fühlen und Wollen des Seelsorgers übereinstimmen. Kongruenz: Es soll mit dem Fühlen und Wollen des Patienten übereinstimmen. Eine schwere Aufgabe ist das richtige Erfassen der geistlichen Bedürfnisse der Patienten und das Wahrnehmen der rechten Situation. Häufig nimmt der Seelsorger wohl den verborgenen Wunsch nach Gebet nicht wahr. Vielleicht wäre aber ein aufgedrängtes, nicht gewünschtes Gebet schlimmer als ein unterlassenes, begehrtes. Eine andere Aufgabe für den Seelsorger ist, in sich selbst die Fähigkeit und die Bereitschaft zu entwickeln, mit fremden Menschen zu beten, manchmal mit solchen, die man erst wenige Augenblicke kennt. Die Entwicklung dieser inneren Bereitschaft braucht Zeit, die sich der Seelsorger um der Echtheit seines Dabei- und Drinseins willen nehmen und lassen muß.

Wie soll der Seelsorger mit dem Kranken beten? Wenn er sehr persönlich betroffen ist, redet er manchmal in seiner Ich-Person. Wenn der Patient sehr krank ist, benützt er vielleicht die Ich-Person des andern. Meistens wird er wohl die Wir-Form wählen, bei der er sich gemeinsam mit dem Patienten bittend vor Gott stellt. Immer sollte der Name des Kranken genannt werden, wenn für ihn gebetet wird, und es soll in seinem Namen gesagt werden, was ihn persönlich bewegt. Im Gebet darf die Lage des Kranken offen geschildert werden. Bitten sollten wir nur um das, was realistischerweise erhofft werden kann. Doch kommt auch das vor: manchmal bitten wir um ein Wunder. Als Seelsorger wünschen wir uns sicher oft noch mehr Mut und Vertrauen, um das Gebet noch öfter auch von uns her zu wollen und einzuleiten. Es ist für jeden Menschen segensreich, wenn ihm diese »Quelle« erschlossen und flüssig gemacht wird. Wenn es geschieht, daß Seelsorger und Patient miteinander beten können, dann fühlen sich beide in Gott geborgen und getröstet. Vor allem der Patient fühlt sich nicht mehr alleingelassen, denn das fürbittende Gebet eines andern gibt wohl nochmehr Erquickung als das eigene. Beten ist ein unaufgebbarer Teil der Seelsorge, nirgends wohl wird so für die Seele »gesorgt« wie im Gebet. Das kraft-gebende Gebet hat auch einen Einfluß auf die Heilung der Kranken. So sagt es der Jakobus-Brief: Das Gebet des Glaubens wird dem Bettlägrigen helfen. Aufstehen lassen wird ihn der Herr (Kap. 5,15).

3. Ihnen Zuspruch geben

Geistlicher Zuspruch, biblische Paraklese, Wortverkündigung und Weitersagen des eigenen Glaubens haben ihren ureigenen Platz am Krankenbett. Auch wenn sich Verkündigung in der Seelsorgebeziehung nicht zu einem größeren, sondern nur zu einem kleineren Teil innerhalb gesprochener religiöser Rede vollziehen sollte (weil andere Momente vielleicht noch mehr verkündigen, eben das »Symbol« im Daß unseres Besuches, unser Verhalten, mit dem wir das Wie des Kontakts gestalten, und das Unausdrückbare der Gefühle, die wir einander nichtsprachlich mitteilen), so ist das gesprochene religiöse Wort dennoch ein nicht wegzudenkender Teil des Krankenbesuchs. Freilich, wie das Gebet betrachte ich das Geschehen, bei dem Evangelium sprachlich gemacht und Glaube worthaft verkündigt wird, als Glücksfall der Seelsorgebeziehung, der »kommt«, aber von uns nicht gemacht werden kann. Und wie das Beten sehe ich das Verkündigen im Krankenhaus eingebettet in den beziehungsstiftenden Rahmen der Situationsbezogenheit, Kongruenz und Echtheit. Unser Verkündigungsauftrag in der Seelsorge hat sich solchen Rahmenbedingungen unterzuordnen, weil Seelsorge in erster Linie nicht Verkündigung ist. In den aufgezeigten Grenzen wird die Möglichkeit des Sagens der Botschaft nicht eingeengt, sondern nur deren qualifizierter Ort definiert. Man braucht sich um die Verkündigung im übrigen nicht allzu viele Sorgen zu machen, denn der Kranke wird selbst dafür sorgen, daß das Wort an seinen Adressaten kommt. Gerade dieses gehört auch zu dem Glücksfall!

Ich möchte möglichst bereit sein, dem darauf wartenden Patienten mit Psalmwort, Christuszeugnis, Dichtervers oder Segensformel Zuspruch zu geben. Ich halte mich dafür bereit auch dadurch, daß ich bei mir selbst für diese Seite meines Seelsorgerseins gesammelt bin, und indem ich durch Einfühlen in und Eingehen auf die seelische Seite der Krankheit herauszuhören versuche, wonach der Patient verlangt, und ob er Zuspruch empfangen will.

Neben der Aufgabe, das oft verborgene Bedürfnis des Patienten richtig wahrzunehmen, haben wir es dann noch mit dem Problem zu tun, daß »aktives Zuhören« und »Mitteilen des Evangeliums« zwei ganz verschiedene Weisen sind, in denen Seelsorge sich vollzieht.[9] Diese beiden Schwerpunkte der Seelsorge können als Spannungspole empfunden werden oder gar als sich ausschließende Gegensätze. Auf der einen Seite steht das partnerschaftliche, klientenzentrierte Empathieverhalten, auf der anderen die, wenn man so will, autoritative oder gar direktive Verkündigung des Worts. Auch ich finde es manchmal schwierig, den Übergang von der einen seelsorgerlichen Handlungsweise zur andern herzustellen. Steige ich da nicht um von der Begleiterrolle (Bruder-Symbolik) in die Predigerrolle (Vater-Symbolik), ein Wandel, der sich eigentlich verbietet, weil das klientenzentrierte Verhalten dadurch aufgehoben wird?

Nun glaube ich aber, daß man solch einen Gegensatz hier doch nicht annehmen darf. Statt einer divergierenden Spannung sehe ich eher die Möglichkeit der Konvergenz dieser beiden Elemente der Krankenseelsorge. Dies könnte in besonderer Weise für die Krankenhausseelsorge gelten, von welcher der Patient ja oft beides erwartet, seelische Zuwendung und geistlichen Zuspruch. Krankheit rührt ja immer auch an den inneren, religiösen Halt eines Menschen. Eine Span-

9 Vgl. zum Thema: Helga *Lemke,* Verkündigung in der annehmenden Seelsorge, Stuttgart 1978;
und dieselbe: Mitteilen des Evangeliums und aktives Zuhören: eine Spannung in der annehmenden Seelsorge; in: Wege zum Menschen 34, 1982, S. 399ff.

nung zwischen den beiden Elementen kann dann auch dadurch vermieden werden, daß sich der verkündigende Seelsorger genau an die genannten »Rahmenbedingungen« hält. So wird in der Regel eine organische Verbindung zwischen aktivem Zuhören und Mitteilen des Evangeliums erreicht. Was folgt daraus für die Praxis am Krankenbett? Das geistliche Wort, das ich sage, möchte aufnehmen, was der Patient vorher selbst zum Ausdruck gebracht hat. Es möchte ihm als äußeres Wort zurückleuchten lassen, was sein eigenes Licht vorher gefühlt hat. Der Zuspruch ist den Hoffnungen, Nöten und Klagen des Patienten möglichst kongruent und geht in diesem Sinne doch nicht über das Einfühlen und begleitende Zuhören hinaus. Ich jedenfalls fühle mich, wenn ich aus der Bibel oder dem Gesangbuch lese, nicht als Prediger, sondern als eine Art erweiterte Stimme des Patienten. Der sagt dann: Ja, das ist wahr, das bewegt mich genau so, das ist Ausdruck auch meiner Hoffnung usw. Meine Aufgabe sehe ich also darin, die eigenen religiösen Bewegungen zu verstärken und sie als Anrede und Antwort in den Zusammenhang biblischer Ver(und Miß-)trauensäußerungen und Verheißungen zu stellen oder als Reflexionen und Glaubensentwürfe in den Zusammenhang der Glaubenspoesie oder -reflexion der christlichen Tradition. Solch eine Verstärkung der (manchmal ganz leisen oder versteckten) Glaubensäußerungen des Patienten ist vielleicht die wichtigste Stärkung, die ein Christ dem andern geben kann, ein Gesunder dem Kranken. Und nicht selten geschieht es, daß das »kongruente Gebet« den andern noch einmal auf einer tieferen Ebene öffnet, so daß er danach seine Gefühle noch offener und intensiver sagen kann.

Aus dem Gesagten geht hervor, daß ich – gerade am Krankenbett – mit meinem geistlichen Beitrag nie widersprechen, sondern entsprechen möchte! Eine andere Seelsorgetheologie mag vielleicht das »ganz andere« Wort verlangen, das nicht des Patienten eigenes ist, oder verlangen, daß das Wort immer von außen kommen muß, weil wir es nie in uns selbst haben können. Meine Erfahrung im Krankenhaus ist, daß ich nur selten etwas bewege, wenn ich meinem »Auftrag« folge anstatt meinem Ohr und meinem Herzen. Die viva vox evangelii verlangt, so meine ich, zwei lebendige Wesen, deren Glaube aufeinander bezogen ist, den Sprecher und Hörer der Botschaft. Zur Entsprechung (Kongruenz) gehört deshalb auch die Echtheit (Selbstentsprechung). Ich möchte am Krankenbett nur Worte sagen und Texte verwenden, die auch mir selbst etwas bedeuten, mir wirklich wichtig sind. Mein lebendiges Beteiligtsein gehört ebenso zu den Voraussetzungen für die Ausrichtung des lebendigen Worts wie die Bezogenheit auf das lebendige Gegenüber.

Aktives Zuhören und Mitteilung des Evangeliums können beim Krankenbesuch koinzidieren, wenn ich als Seelsorger auf den Glaubensausdruck warten kann, mit dem mich der Patient einlädt, die Stimme meines eigenen Glaubens hinzuzufügen bzw. Echo zu geben aus dem Schatz von Bibel und Tradition.

Der Seelsorger wird sich aber auch offenhalten für die Stunde, da der Patient ihm durch kein Signal eine Richtung weisen kann, und wo der Seelsorger zu einem eigenen Signal aufgefordert ist. Er wird dann sehen, was es bewirkt. Manchmal kann ein Schwerkranker reagieren, vielleicht Zustimmung zeigen, manchmal auch das nicht. Beim sterbenden Patienten folge ich dann oft meinem eigenen Bedürfnis, zu beten und mich zusammen mit dem andern in das Licht der Liebe Gottes zu stellen. Wenn er es selbst nicht mehr auffassen kann, so empfange doch ich Trost daraus, den Abschiednehmenden Gott anzubefehlen.

4. Mit ihnen Gottesdienst feiern

Gottesdienst bedeutet landläufig Gemeinschaftsbildung durch Liturgie und Ansprache an den Einzelnen durch Predigt. Was könnte einen Krankenhausgottesdienst von einem gewöhnlichen Gemeindegottesdienst unterscheiden? Wir kehren vom »Zuspruch und Gebrauch des ›Worts‹« zurück zum Gehalt der seelsorgerlichen Beziehung. Der Seelsorger lernt im Krankenhaus, daß die konkrete menschliche Beziehung auch für die Predigt unverzichtbar ist. Will er das Sakrament der seelsorgerlichen Kommunikation recht in Gebrauch nehmen, wird er weiter darauf achten, daß Gott sich in seinem Dienst an uns in konkreten leib-seelischen Bezügen inkarnieren will. So wie das Abendmahl nicht ohne das begleitende Wort und nicht ohne den Glauben des Empfangenden wirkt, so ist die seelsorgerliche Kommunikation im Krankengottesdienst auf Zwiesprache und Körperbezogenheit angewiesen. Gemeindegottesdienste kranken an der Sprachlosigkeit und körperlichen Passivität ihrer Besucher. Krankengottesdienste mit ihren kleinen Teilnehmerzahlen können hier Neues wagen. Selbst wenn jedesmal neue Patienten, fremde Menschen kommen, darf die Chance nicht vergeben werden, mit diesen Kranken in Beziehung zu treten, und zwar so, daß auch ihre körperliche Not einbezogen wird.

Die Menschen, diese leidende Gemeinde, sind das Ziel der Bewegung Gottes ins Fleisch, sind der Platz, in dem das Wort Gottes Lebensraum gewinnen will. Jesus kam nicht, uns *von* der Welt zu erlösen, sondern um uns *in* der Welt dem Reich Gottes entgegenzuführen. Darum wandte er sich den Menschen leiblich zu und heilte auch ihre somatischen Gebrechen. Das Körperliche war für ihn nicht die zu überwindende irdische Hülle, sondern Ort der Offenbarung der Liebe Gottes.

Krankenhauspfarrer können lernen, ihre Verkündigung so zu verleiblichen, daß die Liebe Gottes auch »leibhaftig« erfahren werden kann. Dazu gehört

a) das Zu-Wort-Kommen-Lassen der Patienten;
b) die Beachtung ihrer körpersprachlich ausgedrückten Befindlichkeit;
c) die Einbeziehung von Körperübungen in den Gottesdienst.

Es ist wichtig, daß

a) die Patienten sich äußern und etwas über ihre Lage und derzeitiges Befinden erzählen können. Leiden verbindet, und im Krankenhaus scheut man sich kaum, aus der Anonymität zu treten, ja man sehnt sich nach Kontakt und Aussprache. Die Zuhörer werden zu Partnern, wenn sie dann auch an der Predigt mit Rede und Antwort beteiligt werden, selbst auf die Gefahr hin, daß der Prediger nicht an »sein« Ziel kommt. Eine erzählende Predigt kann mit einem Selbsterfahrungsteil enden; eine themenorientierte mit einem solchen beginnen; eine textgebundene Predigt wiederum kann in ein katechetisches Gespräch eingebunden sein.[10]

10 In ähnlicher Weise sprechen die Kapitel »Sonntags in der Frauenklinik« und »Kommunikativer Gottesdienst« in: Gottesdienst im Krankenhaus, hg. von Ingrid Adam u.a., Gütersloh 1976.

Es ist wichtig, daß
b) alle körpersprachlich ausgedrückten Stimmungen und Beiträge von uns beachtet werden. Angst, Trauer, Verzweiflung, Freude, Erwartung, Hoffnung haben ihre klar erkennbaren Gesten und Gesichter. Ich bitte die Patienten, ihre Seufzer reden zu lassen, auch und gerade, wenn sie mich mitten in der Predigt treffen. Wo ich jemand weinen sehe, versuche ich, mich ihm taktvoll zu nähern, um ihm zu ermöglichen, zu sprechen und sich zu entlasten. Vielen Menschen, die vor schweren Operationen Angst haben, wird es leichter, wenn sie diese Angst bekannt haben; im Gebet am Schluß gedenken wir ihrer. Fröhliche, Dankbare trösten Traurige und Zweifelnde. Die Gottesdienstteilnehmer und der Pfarrer kommen auch körperlich in Bewegung und miteinander in körperliche Berührung.

Es ist wichtig, daß
c) unser Gottesdienst sich auf den Komplex Krankheit konzentriert und die kranken Körperstellen der Menschen in sein Blickfeld hineinnimmt. Wir sind keine Christian Scientists und keine Gesundbeter, wenn wir auf die heilende Bedeutung des Gottesdienstes wertlegen. Wir nehmen nur frühere gottesdienstliche Lebendigkeit und Konkretheit wieder auf und handeln evangelisch im Sinne des inkarnatorischen »Sakraments der seelsorgerlichen Kommunikation«. Das tun wir, indem wir die Krankheiten der Gottesdienstbesucher nicht nur ins Fürbittengebet hineinnehmen, sondern auch – vorsichtig und durchdacht und gelegentlich – in gewisse Körperübungen, die die Verheißung des Wortes Gottes leiblich erfahrbar werden lassen.
Eine Bibelstelle: »Wißt ihr nicht, daß euer Leib ein Tempel des heiligen Geistes ist?« (1. Kor. 6,19). Ohne den mehr asketisch-moralischen Sinn, in dem Paulus diese Worte sagt, geben sie doch eine Grundaussage christlicher Anthropologie wieder. Paulus selbst formuliert indikativisch, nicht im Imperativ: Die Leiblichkeit ist das Ende der Wege Gottes. Können wir nicht zusammen erspüren und erfahren, wie unser eigener, vielleicht kranker Leib doch ein Tempel sein kann, und zwar des heiligen Geistes?
Ein Satz aus dem Glaubensbekenntnis: Ich glaube an die Auferstehung! Was für ein Körperleben steckt im Glauben an das »Aufstehen«? Könnten wir das nicht zusammen erleben, wie das ist: »Aber

nun steh ich, bin munter und fröhlich?« Ist die Auferstehung nicht in vielen Heilungen und Neuanfängen vor-abgebildet? Manche Kirchenlieder haben eine leib-hafte Bildersprache. Die Bilder lassen sich im Gottesdienst körperbezogen meditieren. »So nimm denn meine Hände«: Wir reichen einander oder uns selbst die Hände und spüren dem Händedruck nach. Wie erfahren wir unsere, unseres Nachbars Hände? Wie stellen wir uns Gottes Hand vor, die uns hält?

»Der wird auch Wege finden, da dein Fuß gehen kann«: Das Gehen-Können ist ein Ausdruck von Lebendig-Sein. Wir fragen deshalb nicht: Wie bist du?, sondern: Wie geht es dir? Viele Patienten können vorübergehend oder gar nicht mehr laufen. Wir können im Gottesdienst Steh- und Gehübungen machen. Haben wir Vertrauen, daß Gott unseren Schritten neue Wege öffnet?

»Alles, was Odem hat, lobe mit Abrahams Samen«: Vor dem Singen atmen wir miteinander und erfahren den Segen des Odems, den wir empfangen haben und zum Gottes-Lob wieder verströmen dürfen. Zum Atmen gehört auch das Seufzen, in welchem Belastung und Entlastung durch tiefes Hereinholen und Hinausstoßen der Luft ausgedrückt werden.

»Ein reines Herz, Herr, schaff in mir!«: Sehr viele Lieder haben das Herz-Bild. Viele Patienten sind herzkrank. In der christlichen Meditationspraxis gibt es Herz-Meditationen, die Körper und Seele wunderbar in Einklang bringen können. Wir legen die Hand auf die Brust und sprechen im Rhythmus der eigenen Herztöne die Worte immer neu: Herr Jesus Christus, du Sohn des allmächtigen Gottes, erbarme dich unser!

Tiefenentspannung, Zwiesprache mit kranken Körperstellen, Meditation unter Einbeziehung des Leibes – sind das nur Mode-Erscheinungen oder weltliche Heilmethoden, die nicht in den Gottesdienst gehören? Was hat unsere nordeuropäische Vergeistigung des Gottesdienstes aber dem Leib angetan? Ist der »entleibte«, passive Hörer des Wortes nicht ein verarmter Teilnehmer an dem Dienst, in dem Gott uns ganz dienen will und wir ihm ganzheitlich dienen sollen? Hat nicht die Gemeinde über unseren fehlentwickelten Gottesdienst schon ganz leiblich, mit den Füßen abgestimmt? Krankenhausgottesdienste können (und dürfen hoffentlich) ein Experimentierfeld für Formen sein, die sich dem Körper wieder nähern und ihn einbeziehen. Ohne die Wahrheit des Satzes in Frage zu stellen, daß der Glaube aus dem Hören kommt, könnten wir dann Beiträge dazu leisten, daß das »Wort« vom »Fleisch«, gerade auch vom kranken, wirklich angenommen, in ihm aufgenommen und lebendig wird.

5. Mit ihnen vom Sterben reden

Der Seelsorger liest im Zimmer einen Psalm, um die Genesungshoffnung der Patienten zu stärken. Danach spricht ein Patient unerwartet von Tod und Sterben. Die Psalmworte haben ihn offenbar an die Vergänglichkeit und an jüngst verstorbene Angehörige erinnert. Auch sein eigenes Ende wird ihm plötzlich bewußter. Der Seelsorger ist von dieser Reaktion des Patienten überrascht und doch wieder nicht. Er wird auf eine Seite der Symbolwirkung seines Besuches aufmerksam, die er schon kennt.

Der Seelsorger steht mit dem, was er symbolisch repräsentiert, auch auf der Grenze zwischen Tod und Leben. Er begleitet Menschen an diese Schwelle. Gott scheint vom Jenseits der Grenze her zu rufen, wenn aus der Bibel vorgelesen wird, und der Patient erfährt jetzt seine Begrenztheit. Der »Todesbote« als Bestandteil der Gesamtübertragung auf den Seelsorger ist vor allem Pfarrern wohl vertraut. Manche Schwerkranke verschließen sich auffällig, wenn wir kommen – manche Sterbende hängen sich an uns mit besonders inniger Zuneigung. Auf beide Reaktionen sind wir gefaßt. Wir werden als Tröster im Tode erlebt und begrüßt oder als dunkle Fährmann-Gestalt am Todesfluß abgewehrt. Daß dies beides gleich oft vorkommt, deutet darauf hin, daß nicht nur Tod und Vernichtung von der Lebensgrenze her auf den Menschen zukommen, sondern auch Gott und seine das Nichts überwindende Allmacht.

Gott kommt unserem Leben aus einem Jenseits entgegen, und wir können, uns selbst transzendierend, etwas von ihm erfahren, das uns Kraft gibt im Diesseits. Gott kommt uns auch aus dem Dunkel jenseits des Todes entgegen, und wir können, wenn wir sein Licht unseres Fußes Leuchte sein lassen, dadurch Kraft bekommen für unser Sterben.

Für Seelsorger aller Religionen, der christlichen sowieso, ist es eine

Selbstverständlichkeit, mit Kranken vom Sterben zu sprechen. Das ergibt sich einfach aus der Überzeugung, daß Gott uns im Tod nicht alleinläßt, sondern entgegenkommt. Krankenseelsorge als Gespräch über das Sterben! Wer gibt das Thema? Selbstverständlich allein der Patient. Fangen Menschen überhaupt von sich aus davon zu sprechen an, daß sie sterben müssen? Meiden sie dieses Thema nicht viel eher, so lange es geht? Krankenseelsorger erleben, daß es nicht so ist. Kranke wollen sehr oft vom Sterben reden, und sehr oft werden sie dazu angeregt durch das Memento Mori, das auch in der Symbolik des Seelsorgers enthalten ist. Eine Ablehnung des Gesprächs über das Sterben, welches das Thema des Patienten ist, durch den Seelsorger wäre ein schwerer seelsorgerlicher Verstoß. Nicht minder schlimm wäre der Versuch der Ablenkung oder Abwiegelung, Vermeidung oder Bagatellisierung durch uns. Weil Sterben unsre letzte, schwerste Aufgabe ist, brauchen wir auf dem Weg dahin Begleitung und Hilfe und können sie am besten durch einen Seelsorger empfangen. Es ist ein Paradox oder Geheimnis, daß genau der, der uns mit unserer letzten Grenze konfrontiert, der mit uns offen über die schwersten, letzten Schritte spricht, zugleich von uns als Tröster empfunden wird.

Das ist für alle Menschen im Krankenhaus, Mitarbeiter und Patienten, ganz klar: Wenn es um Tod und Sterben geht, ist der Seelsorger gefragt! Und dem Krankenseelsorger ist klar, daß das Gespräch über das Sterben schon lang vor dem Sterben zu seinen wichtigsten Aufgaben zählt. Ich möchte also bereit sein! Das darf nicht heißen, daß ich je von mir aus das Gespräch zu der Todesgrenze hinlenken würde. Ich möchte andererseits alle Aufmerksamkeit einsetzen, um das Thema, wenn es kommt, wahrzunehmen und nicht zu versäumen. Das Nachsinnen über unsere Endlichkeit und letzte Grenze kann uns nicht zum Schaden sein, sondern nur nützen. Das Licht Gottes, der uns nicht aus seiner Hand fallen läßt, fällt auch von jenseits des Todes zu uns herüber. In dieser Kraft kann ich mich als Seelsorger dem Thema stellen. Mit dieser Hoffnung kann ich beim Patienten bleiben, der das Bedürfnis hat, das Thema für sich zu bedenken. Im Grunde spürt er selbst, daß es für ihn gut ist und ihn nicht bedroht.

Nicht nur durch uns werden die Patienten ja an die eigene Endlichkeit erinnert, sondern auch schon durch ihre Krankheit. Die meisten Krankheiten, Unfälle und Schwächeerlebnisse, leichter oder schwerer Art, haben ein solches »Mahn-Zeichen« in sich. Unser Leben ist und bleibt verletzlich, gefährdet und durch nichts gegen den Tod gefeit. Oft wird der schon von der Krankheit »gemahnte« Patient »durch uns« aufs Neue an sein Sterbenmüssen erinnert. Er wird noch nachdenklicher, kehrt sich in sich, legt sich zurück und spricht aus, was ihn bewegt, leise, manchmal bebend, mit abgewandtem Gesicht. Er nimmt eine »Trauerarbeit« vorweg, bei der er ganz allein der Arbeitende ist, bei der wir ihm aber behutsam beistehen können. Es kommt darauf an, daß wir fühlen, wie viel Nähe oder Distanz der Patient jetzt von uns braucht, und uns danach richten. Wir dürfen darauf vertrauen, daß es für des Menschen »Klugheit« gut ist, wenn er sein Sterbenmüssen bedenkt (Ps. 90), und wir spüren, daß das so ist, durch die vertiefte Gemeinschaft, die uns dann mit dem Patienten verbindet.

Die Arbeit des Bedenkens, daß wir sterben müssen, ist nicht einmal an Krankheitserlebnisse gebunden, sondern erfüllt in mancher Form unser ganzes Leben. Wenn wir aber krank werden, stellt sich das »Thema« intensiver ein. Die Bewältigung der Krankheit geschieht vor der Grenze, die letztlich *uns* bewältigen wird. Es ist wichtig, daß wir dem Kranken, der dabei ist, vor dem Hintergrund einer Gefahr seine Kräfte zu sammeln, solidarisch begegnen, ihm Mut machen und Gutes wünschen. Insofern ist unsere Sterbehilfe immer gleichzeitig Lebenshilfe. Ebenso wichtig ist, daß wir mit dem Kranken auch bis zu jener Grenze vorgehen, von der her er in seinem Leben bedroht ist. Wenn er mit uns diesen Gang gehen will, wird er daraus Kraft schöpfen, um leben, aber auch sterben zu können. Insofern ist unsere Lebenshilfe immer auch Sterbehilfe.

Krankenseelsorger haben es schwer, weil das Gespräch über die letzte Grenze allemal belastet. Wenn es stimmt, daß es nicht erst bei den Sterbenden um den Tod geht, sondern in bestimmter Hinsicht in fast allen Gesprächen im Krankenhaus, dann muß der Seelsorger »von Bett zu Bett« immer auch sein eigenes Sterben mitbedenken. Es ist eine Reifungs-Aufgabe für ihn, sich mit seinem eigenen Ende zu beschäftigen und nach und nach die Angst davor zu verringern. Er wird aber nie an den Punkt kommen, wo es für ihn »leicht« würde, mit Kranken über ihr Sterben zu sprechen. Ohne die Hoffnung, daß Gott stärker ist als der Tod, könnte er die ständige Konfrontation mit diesem »letzten Feind« wohl nicht ertragen.

Es kam mir hier darauf an, zu zeigen, daß seelsorgerliche Sterbehilfe schon weit vor dem Sterben beginnt, und daß unsere Seelsorge gut daran tut, wenn sie darauf vorbereitet ist. Wir können davon ausgehen, daß wir den Kranken willkommen sind, wenn sie durch »unsere Symbolik« auf ihre Endlichkeit hingewiesen werden. Zwar bleibt diese Symbolik ambivalent, wir dürfen aber darauf vertrauen, daß ihre »dunkle Hälfte« am Ende nicht die stärkere sein wird. Wir stehen bei den Menschen, die ihre Vergänglichkeit erleben, als Zeichen der unvergänglichen Hoffnung auf den Gott des Lebens. Darum ist unser Besuch bei den Kranken, die an der Verletzlichkeit ihres Lebens leiden, im tiefsten Sinne ein »Lichtblick«.

Religiöse Leidensbewältigung

1. Einleitung

Wenn er leidet, ist jeder von uns in seinem Grund erschüttert, in seinem Halt verunsichert, in seinem Glauben in Frage gestellt. Jeder von uns »glaubt« in seiner Weise: An die Beständigkeit der Welt; an die Verläßlichkeit des erlebten Guten; an die Fortdauer des eigenen Lebensrhythmus; an die Hilfe der Menschen; an das irgendwie weitergehende Glück; vielleicht auch an die Hilfe Gottes oder den Schutz einer Macht, die uns birgt, an den guten Hirten Jesus Christus oder an den Geist, der Sünden vergibt und uns zu einem erneuerten Leben verhilft.

Wenn er in Krankheit, Unfall, Krieg oder Naturkatastrophe vital gefährdet ist, wird jeder von uns in seinem je eigenen Haltsystem bedroht, wird seinen Glaubensgrund zu verlieren drohen oder verlieren, und er wird sich seiner, wenn möglich, neu zu versichern suchen. In der Erfahrung der Verlassenheit wird er danach streben, wiederzugewinnen, was verläßlich ist. Krankheit oder Leidenszeit ist deshalb auch Krisenzeit für die »Rückbindung« des Menschen und immer wieder eine Zeit der Neubesinnung für den Christen, der sich jetzt darüber gewisser werden kann, was ihm Glaube und Evangelium bedeuten.

Die Hauptaufgabe des Seelsorgers am Krankenbett ist, den Patienten in dieser Dimension der Krankheit zu begleiten, im Bereich der in Gefahr geratenden »Rückbindung«. Sein Besuch kann manchmal die Bereitschaft zur Beschäftigung mit dem religiösen Erlebnisteil des Krankseins unmittelbar auslösen. Manchmal wird durch das sich in die seelische Seite der körperlichen Not einfühlende Gespräch langsam und allmählich hervorgebracht, was der Patient glaubend und hoffend oder klagend und zweifelnd auszudrücken bedürftig ist. Zur Sprache kommen wird der religiöse Teil der Krankheitserfahrung in irgendeiner Weise wohl immer.

Aus unserer Sicht ist keine das grundlegende Lebensvertrauen betreffende Äußerung nicht-religiös. Wo Leben von innen oder von außen, durch Eigenhandeln kaum steuerbar, bedroht ist, transzendiert jede Lebensvertrauens-Äußerung, positiv oder negativ, den endlichbegrenzten Bereich des Menschen. Wo es »ums Ganze« geht, können wir als bruchstückhaft Erkennende und Lebende nur irrational bzw. eben religiös reden. Anders können wir uns nicht ausdrücken, wenn wir versuchen, unsere Situation dann zu erfassen und einzuordnen. Was ist »das Ganze«? Wir erheben es manchmal zum Größten und nennen es Gott, verstecken es aber manchmal auch im Kleinsten, z.B. in dem umfassenden Sprachzeichen »Es«. Der Satz: »Man muß ES nehmen, wie ES kommt« (ES = das Geschick, das Leid, das Weh, das Auferlegte, die Bestimmung usw.), wohl die häufigste religiöse Aussage der Patienten, drückt ein »Gefühl schlechthinniger Abhängigkeit« aus, das im Blick auf das ungreifbare Krankheitsgeschehen ja auch meist berechtigt ist. Was jedem menschlichen Einfluß entzogen ist und über den Menschen Macht hat, das kann er nur in symbolischer Form oder mit religiösen Begriffen ansprechen.

Weil das so ist, kann auch der Seelsorger im Krankenhaus schlecht durch einen Psychologen ersetzt werden – oder dieser würde zum Seelsorger. Käme man im Lauf der Zeit auf den Gedanken, den religiösen Seelsorger zu entfernen, fiele ein besonders wichtiger Aspekt der Auseinandersetzung mit Krankheit einfach weg. Aus demselben Grund verfehlt ein Seelsorger, der sich mehr als »Psychotherapeut im Krankenhaus« versteht, seinen Beruf. Er darf bei seiner Sorge um Soma und Psyche, also um den »ganzen Menschen« nie das ausblenden, was wir hier »das Ganze« nennen.

Es ist das Leben im umfassendsten Sinn, als alles, was der Mensch *ist* und *war* und *sein könnte,* als alles, was ihm als höchstes Gut unverlierbar von Gott *zu eigen gegeben* werden könnte.

Wenn wir nun dem Patienten helfen, in dem hier angesprochenen Bereich auszudrücken, was in ihm ist, damit er so in seiner Ganzheit und als auf etwas »Ganzes« hin angelegte Wesen aufgenommen wird – in *welcher Art von Partnerschaft* stehen wir dann bei ihm?

Mitmenschlich betrachtet sind wir verwandte Wesen, die auf Grund ihrer eigenen Begrenztheit und Geworfenheit mitzufühlen imstande sind, was der Kranke religiös (im weitesten oder engeren Sinn) erlebt. Pastoral betrachtet sind wir freundliche Führer oder Begleiter der Seele auf ihren Wanderungen durch Licht und Nacht, Hoch und

Tief, Leichtes und Schweres. Gesprächspsychologisch gesehen sind wir Hilfs-Ich des Patienten oder Spiegelreflektor und Sprachhelfer seiner seelischen Vorgänge. Als Repräsentanten der Religion sind wir außerdem Übertragungsempfänger und verhelfen gerade dadurch ganz besonders dem zum Leben, was im Gegenüber zum Leben kommen will: den Äußerungen des Vertrauens, der Klage, des Verlassenheitsgefühls, der Geborgenheit. Als christliche Seelsorger möchten wir darüber hinaus dem Kranken beistehen, sein Leiden im Glauben annehmen zu können; wir wollen durch unsere Zuwendung das Mit-Leiden Jesu symbolisieren und durch geistlichen Beistand, Verkündigung, Gebet und Segen den Patienten stärken.

Als Seelsorger können wir einen *aktiven Beitrag* zur religiösen Leidensbewältigung geben:

– durch unseren Besuch selbst als Sehen nach dem Kranken, als Bei-ihm- und Für-ihn-Sein; als Begleitung durch die Zeit der mit der Krankheit einhergehenden Verunsicherung;

– durch behutsame Weiterführung des Kranken im christlichen Sinn, durch Aufzeigen neutestamentlicher Vorbilder der Leidensbewältigung, die der Kranke als Hilfe für sich ergreifen kann;

– durch pastorale Handlungen wie christliche Wortverkündigung, Gebet und Segen, die eine heilende und glaubensstärkende Wirkung haben.

Unser aktiver Beitrag zur religiösen Leidensbewältigung wird *begrenzt* durch diese Faktoren:

– Seelsorge im Krankenhaus hat immer Angebotscharakter; wir müssen warten auf die »Beauftragung« durch den Patienten und auf die Form des »Kontrakts«, den er mit uns schließen will (s. das erste Kapitel);

– Seelsorge hat sich nach den Grundforderungen Kongruenz und Echtheit, Situations- und Beziehungsgerechtheit auszurichten (s. im zweiten Kapitel die Abschnitte 2 und 3); das gilt auch für die wichtigste Aufgabe der Weiterführung des Patienten von mehr natürlich-religiösen zu christlich geprägten Formen der Leidensbewältigung;

– Seelsorge im Krankenhaus geschieht von Fremden an Fremden, und die Seelsorger haben oft nur wenige Kontakte mit je denselben Patienten; die innerste, persönlichste Seite der Krankheitsbewältigung, nämlich die religiöse, kann deshalb nicht immer gemeinsam angesprochen und angegriffen werden.

Dennoch kann der Seelsorger im Krankenhaus die Erfahrung machen, daß sein Angebot zur Hilfe bei der Leidensbewältigung viel und gern in Anspruch genommen wird. Häufig entsteht eine sehr enge Partnerschaft zwischen ihm und einzelnen Patienten: Da wollen sie täglich zusammensein und das Leiden des Kranken wie Brüder und Schwestern besprechen und es im Gebet vor den Herrn Christus bringen.

2. Phänomenologie

Unter dieser Überschrift beschäftigen wir uns im Folgenden mit dem, was Kranke im Zusammenhang ihrer religiösen Leidensbewältigung äußern. Kranke wie Gesunde haben den sprachlichen Ausdruck ihrer religiösen Erfahrung nötig. Es hilft uns Menschen, Erlebnisinhalte sprachlich zu machen, weil wir auf Mitteilung angewiesen sind, und weil Kommunikation von Gefühlen uns entlastet. Eine andere Frage ist, ob wir sprachlich ausdrücken *können*, was religiös in uns vorgeht, handelt es sich hier doch vielleicht um den Bereich der unaussagbaren Erfahrungen. Was ist dann das Aussprechen von religiösen Erfahrungsinhalten? Es ist der Wunsch, Diffus-Verborgenes in Begriffe zu fassen, die man nur als symbolische kennzeichnen kann. Solche Begriffe sind durch ihre Mehrdeutigkeit und überschießende Bedeutung geeignet, die tieferen und schwer faßbaren Bereiche der menschlichen Erfahrung zu kommunizieren. Eine weitere Frage ist dann, *was* wir von unserer Erfahrung sprachlich ausdrücken wollen bzw. können. Sprache hat ja immer auch die Funktion, auszuwählen, was in den Vordergrund der Aufmerksamkeit treten soll und was im Dunkel des Hintergrunds bleibt. Darauf macht *M. Klessmann* aufmerksam, der über diese Funktion der Sprache sagt: »Die Auswahl dient der Abwehr von zu vielen Eindrücken, von zu ängstigenden Eindrücken, die das Individuum überfluten könnten. Insofern kann man pointiert sagen: Sprache hat die Doppelfunktion von Ausdruck und Abwehr.«[11] Der Krankenseelsorger weiß oder ahnt, wie ein religiöser Ausdruck, eine Vertrauens- oder Glaubensäußerung, oft von

11 M. Klessmann, Religiöse Sprache als Ausdruck und Abwehr; in: Wege zum Menschen 34, 1982, S. 34.

einem dazu in Gegensatz stehenden Gefühl begleitet werden kann, das durch die religiöse Affirmation abgewehrt wird. Er fühlt das beim Patienten genauso wie mitunter bei sich selbst, wenn er in religiösen oder weltlichen Worten Mut zuspricht, den er selber im Moment vielleicht gar nicht hat.

Es soll bei der Phänomenologie deshalb beides im Blick bleiben: Daß religiöse Erlebnisinhalte nur schwer vermittelbar sind, so daß immer viel mehr unausgesprochen bleibt als uns vom Gegenüber kommuniziert wird; und daß darauf zu achten ist, welches andere Gefühl neben dem mitgeteilten vielleicht auch noch zum Ausdruck drängen könnte, das jetzt nicht zugelassen ist, weil es für den Patienten vielleicht zu schwer ist.

a) Vertrauensäußerungen

Patienten zeigen »Urvertrauen« in vielfältigsten Formen: Als Glauben an die Güte des Lebens, an die Verläßlichkeit der Wirklichkeit, als Vertrauen auf die dem Menschen innewohnende Heilungskraft und auf die von außen täglich neu geschenkte Zukunft:
»Es wird schon alles gutgehen.«
»Man muß halt hoffen.«
»Mit ein bißchen Gottvertrauen.«
»Ich habe keine Angst.«
»Es kommt alles, wie es kommt, und irgendwie geht es weiter.«
Die Häufigkeit der Vertrauensäußerungen überrascht, wenn man die Zerbrechlichkeit und Gefährdung des menschlichen Lebens danebenhält. Viel mehr Menschen als man so annimmt, wenn man als Außenstehender Angst hat, ein Krankenhaus und Patienten zu besuchen, entwickeln in der Krankheitszeit eine erstaunliche Zuversicht bzw. Ruhe. Sie blicken tapfer nach vorn und ertragen ihre schweren Tage mit Geduld. Vertrauen erscheint hier als eine dem Menschen biologisch mitgegebene Kraft. Solange Leben ist, ist auch Hoffnung, Trieb nach vorn, gibt es ein Gefühl der eigenen Unzerstörbarkeit oder ein Glauben, daß man schon wieder irgendwie durchkommt, erleben wir ein Streben nach Wiederherstellung des alten Gesundheitszustands oder ein Sich-Klammern an das, was man als Rest davon noch hat. Dem Selbsterhaltungstrieb ist diese vitale Vertrauenskraft offenbar innewohnend.

Es scheint auch einen sehr engen Zusammenhang zwischen diesem (in dieser Intensität unbegründeten) Urvertrauen und dem Glauben an Gott in der Weise des 1. Glaubensartikels zu geben. Denn Menschen, die sich vertrauensvoll äußern, benützen »Hoffnung« und »Gottvertrauen« zumeist auswechselbar. Gott wird demnach erlebt als Inbegriff der Güte des Lebens, als Lebensspender, -erhalter und -vollender, als der Inbegriff der guten Ordnung der Natur. Es scheint so, daß wir mit der uns von Haus aus mitgegebenen Vertrauenskraft direkt mit dem Vater des Lebens verbunden sind.

Der Krankenhauspfarrer kann die Erfahrung machen, daß solche Gottesverbindung bei sehr, sehr vielen Menschen gegenwärtig ist, denn sie wird bezeugt. Auch schwerkranke, alte und sterbende Menschen bekunden noch sehr oft Vertrauen in die Güte der Lebensordnung, die als etwas Göttliches erfahren wird. Sie können beides akzeptieren, weiterleben und weggenommen werden. Sie ruhen bleibens- und abschiedsbereit in der Hand, zu der sie sprechen: Herr, es ist gut, mach mit mir, was du willst. Auch aus großen Erschütterungen findet die große Zahl der Kranken wieder zu einem festen, ruhigen Vertrauen, wobei sie allzuoft sagen, daß der Glaube ihnen dabei geholfen hat.

Es kann kein Zweifel sein: Kranke vertrauen sich im Gebet Gott an und suchen und finden bei ihm Halt. Und sie werden von dieser Erfahrung so bewegt, daß sie auch davon reden können und sehr oft sogar reden müssen. Religion heißt Rückbindung zu Gott, und diese Rückbindung ist wahrscheinlich eine menschliche Grundgegebenheit, a basic condition of mankind. Der Kranke, der aus tiefer Verunsicherung heraus seine Hände wieder haltsuchend ausstrecken kann, der erfährt Gott als die Macht, die im Dunkel seine Hände ergreift. Er fühlt sich begleitet und sagt: Ich bin nicht allein! Diese Hinwendung zu Gott, dem Geber und Erhalter des Lebens darf als eine Kraft der aktiven Leidens-Bewältigung bezeichnet werden, ähnlich bedeutsam wie der Gang zum Arzt oder der Wille zur Heilung.

Das hier angesprochene Urvertrauen wechselt in seiner Stärke von Mensch zu Mensch. Der »Gesunde« hat es, der psychisch Kranke nicht. Dazwischen liegt das menschliche Spektrum, und liegen die Wechselfälle unserer persönlichen Entwicklung. Krankenhausseelsorger erleben auch Patienten, die von Ur-Mißtrauen geprägt sind. Sie leiden an einem übernormalen Maß an Angst, Abwehr, Wider-

stand, Verleugnung und Verdrängung. Sie können sich nicht fallen-
lassen, weil sie vielleicht keine Ur-Geborgenheit erlebt haben, oder
weil durch ein Übermaß an Leiden ihre Fähigkeit zur Wiederherstellung des Vertrauens gebrochen ist.

b) Leidensannahme und Ringen mit dem Leiden
   nach theistischen Mustern

Wenn die Hoffnung auf das »Es wird bald alles gut« in den Äußerungen der Patienten nicht dominiert, dann kommt als nächsthäufigste
Antwortform die Reaktion des ernsten, aber gefaßten Stillehaltens.
Hierher gehört der ganze Komplex des »Man muß es nehmen, wie es
kommt«. Friedlich-ergeben, aber auch manchmal traurig legt der Pa-
tient sein Geschick in andere Hände. Das Eigenhandeln ist jetzt un-
terbrochen. Wo »man« nichts mehr machen kann, ist eine andere
Macht am Zuge, der sich Patienten oft mit religiösen Formulierun-
gen übergeben wie:
»Stillehalten Gottes Walten, Stillehalten seiner Zucht.«
»Was der Himmel dir beschieden, trage mit Geduld hienieden.«
»Herr, dein Wille geschehe.«
»Dir uns lassen ganz und gar.«
Hier hilft der Glaube in der form der passiven Leidensbewältigung
zum Aushalten und Annehmen. Antworten wie die zitierten können
beides sein: Das Ziel einer Entwicklung, in der der Patient gelernt
hat, trotz seiner Krankheit auf Gott zu harren (wie der Psalmist gelernt hat, nicht in der Gesundheit, sondern in Gott das höchste Gut
zu sehen und auf ihn zu hoffen) – oder aber Ausdruck einer langen
Lebenserfahrung und Glaubensgeschichte, die oft mit den Worten
beschrieben wird: »Hätte ich meinen Glauben nicht gehabt, ich hätte
das alles gar nicht überlebt, was ich durchmachen mußte.« Zahlrei-
che Menschen im Krankenhaus äußern diese lebenslange Verbindung mit Gott, gerade wenn sie viel gelitten haben, wie Paul Ger-
hardt: »Wäre nicht mein Gott gewesen, hätte mich sein Angesicht
nicht geleitet, wär ich nicht aus so mancher Angst genesen« (EKG
232).
Als Kräfte religiöser Leidensbewältigung gehören in diesen Zusammenhang auch die Zufriedenheit und die Dankbarkeit. Der banale
Satz »Man muß zufrieden sein« ist oft das gar nicht banale Ergebnis

einer Anpassungskrise, die den Menschen aus seinem Frieden gerissen hat, den er jetzt unter Mühen neu errungen hat. Die Formulierung »Man darf auch das Gute nicht vergessen« hilft dem Patienten, die gegenwärtigen Leiden tapferer zu überstehen. Oft hört man die Worte: »Wenn ich mich mit andern vergleiche, muß ich noch dankbar sein.« Andere Patienten äußern sich dankbar über manche kleine Linderung oder Erleichterung. Sie alle drücken aus, daß sie auch im Leid nicht aufhören wollen, die Erweise der Liebe Gottes aufzuspüren und ihn zu preisen. Sie erleben Gott als den, der eine Last auferlegt, aber auch hilft, sie zu tragen.

In allem, was hier wiedergegeben wurde, wird Gott als gütig-bestimmende Allmacht erlebt und bekannt, von der man geführt wird. Man unterwirft sich ihr, ohne zu klagen, weil sie nicht böse sein kann, und weil sie das Leben des Menschen zu seiner rechten Bestimmung führt. Wie aber, wenn der Patient sein Geschick nicht mehr vitalhoffnungsvoll oder konfliktlos-fraglos-ergeben verarbeiten kann? Dann beginnt er oft nachzusinnen, um doch noch eine Erklärung zu finden, mit deren Hilfe er seine Krankheit annehmen kann.

Es folgen nun also die Antwortformen, die der Frage nach dem Warum der Krankheit folgen können, zuerst solche, die noch keine Anklage gegen Gott enthalten. Die Antworten, die jetzt gegeben werden, suchen oft das harte Warum durch ein Wozu zu ersetzen, suchen die Nichtbeantwortbarkeit in eine positive Sinndeutung umzulenken:

»Es ist nichts zufällig; ich werde den Sinn schon noch erfahren.«
»Gott schickt mir eine Warnung, Erinnerung« (= Ruf zur Umkehr).
»Er möchte mich hinführen zur Beschäftigung mit dem Unsichtbaren und Ewigen« (= Vorbereitung für die andere Welt).
»Das ist eine Prüfung, ob ich ihm die Treue halte« (= Bündnisprobe).
»Das ist eine Züchtigung, weil er mich liebt« (= Erwählung).
»Ich habe vielleicht eine Schuld auf mich geladen« (= Bestrafung).
Viele Patienten finden Halt in solchen Antwortmustern, die ihr verändertes Leben mit neuen Sinninhalten erfüllen. Man möchte bereit bleiben, das eigene Leiden aus Gottes Hand anzunehmen und sagt sich deshalb: Meine Krankheit hat ein Wozu, das mir jetzt oder später aufleuchten wird. Gott kann sich ja nicht irren; er schreibt auch auf krummen Linien gerade.

Oft allerdings bricht das erhoffte oder auch entdeckte Dazu doch wieder in sich zusammen. Dann bleibt das mächtigere und bittere Warum allein auf dem Plan. Wenn sich die Kranken dann nach dem Muster der alttestamentlichen »schicksalwirkenden Tatsphäre« mit Verfehlungen ihres früheren Lebens herumquälen, können sie sich sehr oft doch nicht mit dem Folgezusammenhang abfinden. Sie können nicht akzeptieren, was sie jetzt leiden müssen und zweifeln an der Gerechtigkeit des punitiven Akts Gottes. Damit sind wir beim hadernden Hiob. Die Sinnfrage findet keine positive Antwort mehr. Patienten setzen sich klagend mit ihrem Schicksal auseinander:

»Denen, die ihr ganzes Leben versucht haben, richtig zu handeln, geht es arg, und die Schlechten, die huren und prassen und nicht nach Gott fragen, werden nie krank.«

»Gerecht ist das nicht, verdient habe ich das nicht.«

»Wie kann Gott das zulassen, wenn er uns liebt?«

»Warum trifft es immer die Gleichen?«

Vor allem bei schwerer Krankheit, namentlich jüngerer Menschen, taucht die Frage nach der Gerechtigkeit geradezu unausweichlich auf. Niemand ist darüber erhaben. Jeder hat das Bedürfnis, sich selbst zu rechtfertigen und Gott zur Rechenschaft zu ziehen. Jeder sagt: Was habe ich denn getan? Ich war gut, und darum soll es mir gut ergehen! Erst in einem späteren Stadium scheint man auf die Frage: Warum ich? verzichten zu können. Vorher aber kann wohl jeder Kranke, der sich ohnmächtig und gottverlassen fühlt, gar nicht anders als die Macht über Leben und Tod zu fragen, so wie Menschen einen irdischen Richter fragen: Was ist der Grund für meine Strafe? Die mit dieser Gott anklagenden Gottverlassenheit zusammenhängende Not ist wohl die tiefste und schlimmste, in die Krankheit führen kann.

c) Leidensbewältigung nach christlichen Glaubensinhalten

Nur wenige Kranke gehen bei ihrer inneren Auseinandersetzung mit dem Leiden vom 1. zum 2. Glaubensartikel vor – jedenfalls nach dem, was der Seelsorger hört. Die große Mehrheit scheint Leiden auf »vorchristliche« Weise, also theistisch, jüdisch oder »heidnisch« zu bedenken. Ist das vielleicht auch ein Bild der Volkskirche im sogenannten nachchristlichen Zeitalter? Ich stelle das phänomenologisch fest, nicht wertend. Man könnte aber interpretativ fragen, ob die nichtchristliche Gotteserfahrung dem leidenden Menschen eine ebenso liebende Bejahung seines Loses ermöglicht wie doch wohl die durch das Kreuz hindurchgegangene, oder ob sie nur eine still-geduldige Annahme ermöglicht. Die Frage ist nicht leicht zu beantworten. Christliche Leidensbewältigung sieht auf das Schicksal Jesu. Die Patienten sagen:

»Er hat gelitten wie wir, noch mehr als wir, dann kann ich es auch tragen« (= Dankbarkeit).

»Ich nehme dieses Kreuz auf mich und leide mit ihm« (= Nachfolge). Dazu gibt es die paulinischen Antwortangebote zusammen mit allen Leidensaussagen der späteren Zeit:

»Dieser Zeit Leiden sind nicht wert der künftigen Herrlichkeit!« (= Sehnsucht nach dem in Christus gewonnenen neuen Leben).

»Durch viele Trübsale gehen wir ein ins Reich Gottes.«

Und ebenso: »In der Welt habt ihr Angst, aber siehe, ich habe die Welt überwunden« (= Erlösung und Sieg über alles Leid).

Weitere Zitate erübrigen sich wegen ihrer Bekanntheit. Katholische Christen reden überraschenderweise häufiger vom Kreuz als evangelische. Beruht das auf engerer Kirchenbindung, auf den bekannten Gebeten zum leidenden Christus oder auf der vertrauten sakramentalen Präsenz Christi und seines Opfers, dem dann viele Katholiken selber »ihr Leid aufopfern«?

Hier endet die kurze Übersicht. Es ging ihr darum, zu zeigen, was an der Oberfläche erscheint, wenn Menschen im Krankenhaus sich darüber äußern, wie sie ihr Leid auch religiös bzw. vom christlichen Glauben aus zu bewältigen suchen. Die verbalen Äußerungen, in einer Art Statistik zusammengestellt, wirken unpersönlich und banal. Nur in Verbindung mit konkreten, lebendigen Menschen gewinnen sie ihre Wahrheit und ihre Bedeutung. Die Ganzheit der religiösen Gefühle der Patienten kann weder hier noch sonst jemals wirklich erfaßt werden.

Die Übersicht kann auch als oberflächlich angesehen werden. Ein Agnostiker könnte allerdings sagen: Nicht diese ist oberflächlich, sondern die religiöse Leidensbewältigung mit ihren Antwortversuchen überhaupt. Das soll nun im nächsten Abschnitt bedacht werden.

3. Theologische Reflexion

Religiöse Leidensbewältigung geschieht teilweise in der Form der Sinnsuche, wie wir gesehen haben. Antworten, Erklärungen und Sinnfindungen können dem Kranken helfen, sein Los leichter zu tragen. Die Frage stellt sich dann unabweisbar ein: Könnte nicht ein Großteil der religiösen Bewältigungsversuche dazu dienen, das Leiden irgendwie hantierbar zu machen, um ihm auf diese Weise seine vernichtende Sinnlosigkeit zu nehmen? Könnte man nicht Religion insgesamt manchmal als Hilfskrücke für menschliche Angst und Not ansehen? Und sind nicht vor allem diese sinnsuchenden Antworten am Ende etwa nichts anderes als Rationalisierungen, Verstandesgebilde zur Entlastung von sonst nicht auszuhaltenden Realitäten? Entflieht der Mensch nicht allemal seinem Leid, wenn er es zu erklären versucht? Vermeidet, verleugnet, verdrängt er pathisches Betroffensein?[12]

Aber kann er es anders ertragen? Theologie, Glaube und religiöses Reden mögen unter bestimmter Perspektive als Konstrukte des Menschen gegen die Sinnlosigkeit betrachtet werden können. Aber Religion ist nicht nur Ratio oder Geistesproduktion, sondern in erster Linie Erfahrung. Und hier steht nun auch die Erfahrung so vieler, die gerade im tiefsten Leid Gott am nächsten fühlten. Sie fliehen nicht zu einer Illusion, sondern erleben, daß Gott da wirklich zu ihnen kommt.

Soll der Mensch nach einem Sinn suchen oder gerade nicht? Adelt ihn die Fähigkeit der Deutung vor dem Wesen, das Leiden dumpf annimmt? Oder läge seine Würde darin, daß er die Sinnlosigkeit bewußt übernimmt und aussteht? Dieser bekannten Position von Albert *Camus* (z.B. in: Die Pest) sei hier einmal Viktor *Frankl* gegenübergestellt, der gleichzeitig mit der Existenzphilosophie nach dem 2. Weltkrieg folgende Gedanken äußerte: Wir müssen uns zu unserer Krankheit verhalten, Stellung nehmen. Das Leiden müssen wir

---

12 Vgl.: *H. E. Richter,* Der Gotteskomplex, Reinbek 1979. Der Autor versucht, die Herkunft und Krise der Autonomie des modernen Menschen als Metamorphose des Leidens zu interpretieren. Dem Konzept der Leidensvernichtung folgt die Leidensflucht, die sich steigert zu Leidensvermeidung, -verleugnung, -verschleierung. Folgt auch der »religiöse Mensch« von heute diesem Muster?

so annehmen, daß wir es intendieren. Es darf nicht Selbstzweck bleiben, sondern muß ein »um willen« dazubekommen. Wir sollen das Leiden mit Sinn begaben und es zum Opfer weihen. So können wir, mit Hölderlin, auf unser »Leid tretend höhersteigen«.[13] Diese idealisierenden Gedanken erscheinen vor der Realität des Leids wie die Verkündigung eines Gesunden am Bett eines Schwerkranken, der dadurch noch trauriger wird. Ich jedenfalls wende mich jetzt lieber dem bewegenden Buch von D. *Sölle* zu: »Leiden«.

Sölle beschreibt hier Leidensbewältigung als den Weg des Betroffenen, der aus der Sinnlosigkeitserfahrung und Verlassenheit hinüberfindet zur Dennoch-Liebesfähigkeit und zum Sich-Verlassen auf die Barmherzigkeit, die er nicht sieht, aber doch glaubt. Sie erzählt von der sensiblen Simone Weil und zitiert sie: »Es gibt keinerlei Antwort. Fände man eine tröstliche Antwort, hätte man sie zuvor selbst erdichtet . . . Die Seele muß fortfahren, ins Leere hinein zu lieben, oder mindestens lieben zu wollen, sei es auch nur mit dem winzigsten Teil ihrer selbst. Gibt sie es nicht auf, zu lieben, gelangt sie eines Tages dahin, nicht eine Antwort auf ihre hinausgeschriene Frage, denn die gibt es nicht, aber das Schweigen selbst als ein unendlich Bedeutungsvolleres als eine Antwort, als das Wort Gottes selbst zu hören.«[14] Simone Weil variiert hier, so meine ich, eigentlich nur die Worte des 73. Psalms: Wenn mir gleich Leib und Seele verschmachten, bist du doch, Gott, allezeit meines Herzens Trost und mein Teil. Sölle stellt nun die Gotteserfahrung Weils in die Kreuzeserfahrung Jesu – und unsere Kreuzeserfahrung – hinein: Jesu Leiden und Sterben ist nicht einzigartig und unvergleichlich, sondern wiederholt sich bei allen Leidenden, die Schmerz erfahren und ihre Gottesgewißheit verlieren.[15] »Die einzige Wahl, die wir haben, ist die zwischen dem absurden Kreuz und dem Kreuz Christi«, und letzteres zu wählen vermögen wir nur, wenn wir in der Zerstörung der Unmittelbarkeit des Lebens weiter lieben können.[16] Für den Leidenden ist dieser Schritt eine paradoxe Tat: »Ich sehe die Ungerechtigkeit, die Zerstörung, das

13 Zusammengefaßt nach V. Frankl, Pathodizee, Wien 1950, S. 69ff.
14 Simone Weil, Vorchristliche Schau, München 1959, S. 114f. 149; zitiert bei D. Sölle, Leiden, Stuttgart 1973, S. 190f.
15 Sölle, S. 104
16 ebda. S. 192

sinnlose Leiden – ich glaube die Gerechtigkeit, die kommende Befreiung, die Liebe, die in der Nacht des Kreuzes geschieht.«[17]
»Das Paradox ist eine Schlinge, in der wir Gott fangen; er kann uns nicht kleinkriegen... wir halten den Widerspruch der Liebe gegen die Erfahrung.«[18] Das Verhalten Gottes ist selbst paradox, der, um den Tod zu überwinden, sich dem Tod preisgibt, seine Liebe nicht anders zeigen kann als durch das Erleiden von Lieblosigkeit, seine Gottheit nicht anders als in der Gestalt eines ans Kreuz Genagelten. »Ich und der Vater sind eins.« Dieses Wort Jesu spricht für Sölle auch von der alles entscheidenden Sympathie Gottes, die das Gegenteil von Apathie ist, das Gegenteil von liebloser Allmacht. Liebe kann sich mit der Sinnlosigkeit von Leiden nicht abfinden. Und Gottes Liebe bejaht das Leben so uneingeschränkt, daß sie Jesus, den unendlichen Bejaher des Lebens, zu uns sendet. Den führt seine Liebe zum Leben ans Kreuz, seine Liebe zu den Leidenden, Schwachen und Unterdrückten. Das ist in unserer Welt de facto so, daß solche Liebe als etwas Unerträgliches gekreuzigt wird.[19]
Christen können nach Sölle ihr eigenes Leiden übernehmen auf Grund dieses bejahenden, »affirmativen Kerns« im Christentum. Sie erfahren ihr eigenes Leiden im Glauben als »Teil des großen Ja«.[20]

17 ebda. S. 193
18 ebda. S. 202
19 ebda. S. 202
20 ebda. S. 136.

Der Glaube des Seelsorgers

1. Anfechtung angesichts des Leids

Ich möchte an die Aussagen von Sölle und Weil anknüpfen und noch ein wenig daran weiterdenken. Meine Fähigkeit, Gott zu vertrauen, ist oft tief angefochten angesichts der Allgegenwart des Leids. Ich empfinde oft so: Wenn Gott in Jesus seine Sympathie mit dem Leiden der Menschen zeigt, ja sich von der Liebe zu den Leidenden bis zum Tod treiben läßt, dann wäre es ein furchtbarer Widerspruch, wenn er gleichzeitig der Verursacher der menschlichen Leiden wäre. Es fällt mir schwer, auszudenken, daß der liebende, mitfühlende Gott alles Leid selber zufügt, das Christus trägt, und das die Menschen tragen. Könnte er denn wirklich der grenzenlos Bejahende und Liebende sein und gleichzeitig verfügen, daß die Menschen zu Abermillionen in schrecklichste Todesschicksale geführt werden? Oder müßte ich mich nun von der Vorstellung seiner Allmacht lösen? Dann würde ich nur noch an seine Liebe glauben, die allumfassend ist aber nicht allmächtig. Kann ich aber die ungeheuerliche Vorstellung, Gott sei nicht allmächtig, in der Wirklichkeit meines Lebens durchhalten? Werde ich nicht schon heute, wenn ich in Not gerate, seine Allmacht wieder anrufen und seine Hilfe erflehen? Werde ich nicht immer weiter so mit ihm reden, als lenke er die Welt? Werde ich nicht schon beim nächsten Gottesdienst den »mächtigen König« wieder voll Freude loben?

Ich komme nicht los von der Vorstellung der Allmacht – aber müßte ich es nicht konsequenterweise, wenn diese Vorstellung mir solche Not bereitet? Manchmal hilft mir das deistische Modell der alten Aufklärer weiter. Danach wäre Gott nur am Anfang allmächtig gewesen, als er die Erde und die Schöpfung eingerichtet hat. Dann aber mußte er sie sich selbst überlassen, so daß nun alles in seinen eigengesetzlichen Bahnen weiterläuft. Ich hätte es dann, wie ich auch von der Schönheit der Natur belehrt werde, mit einem allmächtigen Schöpfer und gleichzeitig, wie die Katastrophen der Natur zeigen, mit einem ohnmächtigen Leiter der Schöpfungsschicksale zu tun. Es ist offenbar so eingerichtet, daß ich mit meinem Fuß, der über die Wiese geht, viele Kleinlebewesen töten muß, daß es aber auch Kleinlebewesen gibt, die als Parasiten mich töten können. Gott hat die Natur so geschaffen, daß er dauernd Ausnahmen in die Natur einbauen müßte, wollte er das Töten verhindern. Er müßte gleichsam an den Wagen der Natur, der mit vier gleichen Rädern läuft, dauernd ein fünftes anbauen, um nur die schlimmsten Unglücke zu verhüten. Das geht und geschieht offenbar nicht. Die Natur – und noch viel mehr der Mensch, der sich zu ihrem Herrn aufgeschwungen hat – produzieren dauernd unsagbares Leid. Wir können aus Schöpfungsmitteln Waffen herstellen, die die ganze Erde und alles geschaffene Leben in Sekunden auslöschen. Gott könnte dann nicht eingreifen, auch wenn er es gerne wollte. Er hätte nach dem deistischen Denkmodell keinen Einfluß auf meine Geburt oder meinen Tod, auf das Geschick der Völker oder der ganzen Erde. Das einzige, was er könnte – um an meine oben geäußerte Sicht anzuschließen – wäre dies: daß er mich und alles Leben liebt.

Komme ich am Ende nicht doch weiter mit dem Entwurf der neutestamentlichen Eschatologie? Danach wäre Gott nicht am Anfang allmächtig, um dann aus der Geschichte zurückzutreten, sondern am Ende. In etwa umgekehrt wäre seine Macht jetzt verborgen, sie würde aber im Zuge des auf uns zukommenden Reichs immer mehr wachsen und sich am Ende in ihrer Herrlichkeit offenbaren. Vielleicht ist es dann so: In der Hilfe Jesu haben einige Menschen vorweg-erfahren, was Gottes Liebe eigentlich gerne an allen Menschen und an der ganzen seufzenden Kreatur vollbringen würde, wenn die Zeit dafür schon gekommen wäre. Aus Christi Tun geht hervor, daß Gottes Liebe größer ist als alles Leid, aus Christi Geschick (und aus dem namenlosen Leid ungezählter Menschen) geht hervor, daß Gottes Liebe – jetzt noch – ohnmächtig ist gegenüber der irdischen Not. Christi Auferstehung läßt mich glauben, daß diese Liebe stärker ist als der Tod. Darauf bauend hoffe ich, daß sie auch stärker sein wird als mein Tod, und weil das so ist, letztlich so sein wird, kann ich mich jetzt schon trotz aller gegenteiligen Erfahrung vertrauend in Gottes Hand bergen. Vielleicht ist Gott in Bezug auf den Lauf der Dinge tatsächlich ohnmächtig – noch! Vielleicht gilt wirklich vom meisten Leid, das ich miterlebe: Er hat es nicht bestimmt; es hat ihm so nicht gefallen. Er konnte es nicht ändern noch verhüten. Dennoch klammere ich mich daran, daß Gott mich persönlich kennt und liebt. Ich spüre auch, daß er mich in allem Leid trösten möchte und mir nahe ist, wenn ich ihn anrufe. Es ist mir, als gäbe es einen geheimen Seinszusammenhang zwischen uns Menschen und ihm. Und ich fühle auch, was das Christusereignis für diesen Zusammenhang bedeutet: Er wird uns unsere Schuld vergeben, und nichts kann uns aus seiner Hand reißen. Ich hoffe im Glauben, daß Gott letztlich den Sieg davontragen wird, und daß seine Herrlichkeit dann alles Leid beenden und alle Tränen abwischen wird.

2. Das Problem der Vermittlung

Ich glaube – manchmal mit Gewißheit, manchmal mit großer Anfechtung. Ich glaube sicher nicht mehr als andere Menschen. Auch wenn manche zu verlangen scheinen, daß es das gäbe: von Beruf gläubig! Wie soll ich mich in der Seelsorge mit meinen Zweifeln und meiner Gott-losigkeit verhalten? Soll ich sie verleugnen und die Botschaft trotzdem ausrichten, auch wenn das Amt dann mit meiner momentanen Verfassung zusammenstößt? Ich habe diese Frage im ersten Kapitel mit Nein beantwortet. Ich habe gesagt, daß ich nur von meiner Glaubenserfahrung ausgehend und aus meiner Überzeugung heraus Zeugnis geben kann. Das schließt die Bezeugung meiner Glaubensnot mit ein. Doch hier stoßen wir nun auf das Problem der Vermittlung.

Kann ich überhaupt weitergeben, was ich glaube? Kann mein Glaube im Seelsorgegespräch dem andern eine Hilfe werden, wenn es doch *mein* Glaube ist? Sind Gefühlsinhalte – und dazu gehört der Glaube auch – übertragbar?

Erfahrungen sind nicht verobjektivierbar. Religiöse Deutungsmuster können nicht auch für andere logisch-stringent gemacht werden. Biographisch ausgelöste Glaubensentscheidungen sind nur für mich selbst evident. Wenn ich überzeugt bin, daß hinter dem oder dem Ereignis Gottes guter Wille steht, oder daß auch in diesem oder jenem Fall die Botschaft von der Sündenvergebung Hilfe bringt, so kann ich es doch nicht so ohne weiteres auch für den andern einleuchtend machen. Lediglich meine persönliche Betroffenheit und mein subjektives Verständnis einer Glaubensangelegenheit kann ich dem Partner verdeutlichen. Auf Grund meiner inneren Bewegtheit kann ich ein Glaubenszeugnis abgeben. Worte kann ich *austeilen* und dabei hoffen, daß sich etwas von meinem Gefühlsinhalt *mitteilt*, so daß der andere daran *Anteil* gewinnt. Zwar kann ich nicht damit rechnen, daß der Patient von meinem Glauben getröstet wird oder von meinen Hoffnungen etwas übernimmt, aber damit, daß er mich versteht. Wenn mein Gegenüber mich versteht, bleibe ich mit meinem Bezeugen nicht allein. Das ist wichtig, denn nun kann aus dem Zeugnis vielleicht ein Dialog werden, aus dem Dialog eine Begegnung. Warum kann der andere mich verstehen? Das muß damitzusammenhängen, daß ich im Glauben Erfahrungen ausspreche, zu denen auch er Zugang hat. Meine individuelle Weise, Widerfahrnisse mit Hilfe des Glaubens zu deuten, ist in Wirklichkeit doch nicht nur meine persönliche, sondern potentiell immer auch eine kollektive. Erfahrungen des Glaubens sind überindividuell und persönlich zugleich. Sie betreffen das tiefste Erleben des einzelnen, werden aber auch von ganzen Gruppen und Kirchen gemeinsam gemacht und getragen. Glaubensinhalte sind noch nach mehreren tausend Jahren verständlich und kommunizierbar, wie die Geschichte der Bibel zeigt. Wenn es das gibt, eine menschliche Disposition für gemeinsame, kollektive Reaktionen des Gefühls auf ähnliche Erfahrungen, und wenn dies auch in Bezug auf religiöse Gefühle gilt, dann wird dadurch Verstehen und Begegnung mit ermöglicht. Ein noch ursprünglicherer Ermöglichungsgrund für Verstehen und Begegnung im Seelsorgegespräch ist vielleicht die göttliche Entscheidung, sein Licht in unsere Herzen scheinen zu lassen, welches dann in der Seelsorgebeziehung reflektiert wird. Wenn wir uns also auf Grund »Seines Scheins« verstehen, kann die Frage nach der Vermittelbarkeit religiöser Inhalte doch einer positiveren Beantwortung zugeführt werden. Da die Verkündigung und Missionierung im Seelsorgegespräch ausgeschlossen ist, da der Partner sich also darauf verlassen kann, daß ich, wenn ich meinen Glauben bezeuge, ihn damit nicht in irgend einer Weise beeinflussen oder verändern will, gerade deshalb kann er sich fühlend und verstehend auf meine Worte einlassen.

Und dann kann es geschehen, daß auch in ihm etwas berührt wird. Zwar kann ich meine Erfahrungen und Glaubensinhalte nicht auf ihn übertragen, darf aber doch erleben, wenn ich etwas zu ihm hinübertrage, daß eine Bewegung und Begegnung entsteht, von der wir weiter getragen werden. Hängt das nicht vielleicht damit zusammen, daß Gott uns hilft, unsere Lasten im Glauben zu tragen? Irgendwie kann ich das im Krankenhaus sehr oft spüren: einen gemeinsamen, tragenden Grund. Auf diesem Grund können wir einander Anteil geben an unseren religiösen Ängsten und Hoffnungen, an unseren Anfechtungen und an unserer Gewißheit, und erleben dabei, wie wir durch Gott getragen werden, zusammen mit dem, daß wir durch Leid und Trost verbunden sind. Oft kann ich im Seelsorgegespräch auch dies erfahren: Wenn wir aufeinander hören, und wenn ich versuche, mich vom andern führen zu lassen, dann kann ein Gleichklang der Gefühle entstehen, eine Nähe, in der wir einander unmittelbar berühren, und die stärkste »Mitte« zwischen uns ist die gemeinsame Glaubenserfahrung.

So kann ich über das Problem der Vermittlung sagen, daß trotz Unglauben und Kleinglauben und Andersglauben, trotz Nicht-Übertragbarkeit und Nicht-Objektivierung gefühlter Inhalte, gerade im Gespräch am Krankenbett jene Mitte doch immer wieder als tragend erfahren werden kann, auf der auch ich je und dann durch die Äußerung meines Glaubens im andern etwas anrühre, das ihm weiterhilft, auch den Trost seines eigenen Glaubens zu spüren.

3. Erlebnisse am Krankenbett

Ich erfahre, daß ich mich nicht entziehen kann.
Eigentlich komme ich mit leeren Händen.
Die Hefte in meinen Fingern, die Verse in meinem Kopf –
Muster ohne Wert. Zuerst bin ich Hülse:
Ohne Kraft, ohne Glauben, ohne Inhalt. Warum?
Ich bin gesund, leide an nichts.
So gehe ich hinein – habe ich nichts zu bringen?
Ich bin nicht fühllos, das will ich ausdrücken.
Ich möchte mich freundlich zuwenden, aber ich habe auch Angst.
Gehst Du mit mir, Jesus?
Die Leute zeigen Achtung, nehmen mich gerne auf.
Sind sie in der schwächeren Position?
Mögen sie mein Erscheinen, wie ich bin, oder was?

Jetzt kann ich reden. Die Kranken sprechen sich aus.
Sie öffnen sich, füllen mich, machen mich reich.
Noch ein Geschenk, persönliche Glaubensworte.
Ich bin berührt, Nähe entsteht und Gemeinschaft.
Ich glaube, was sie glauben.
Es ist wahr, sie haben es gesagt.

Jemand ist traurig, verlassen und stumm.
Ich fühle mich hilflos.
Zuwendung, Teilnahme – ein Versuch.
Kann ich den Schmerz vorstellen, das Leid erfüllen,
sein Herz erfassen?
Von Gott sagt er nichts. Bist Du bei ihm, Jesus?
Ich sage nichts von Gott.
Braucht er mich eigentlich?
Ich kann nicht gehen – muß ich nicht dort sein?
Nun verlasse ich ihn doch.
Eigentlich läßt er mich allein.
Warum fühle ich mich schuldig?

Jemand ist aggressiv:
Na, Stellvertreter, Dein Gott, wie steht's, gib doch Beweise,
steig herab vom Kreuz, hilf dir selbst, oder was gibt es zu sagen, –
hilft DER mir denn?
Ich habe nichts zu sagen.
Es ist seine Erfahrung. Er hat es erlebt.
Spürt er, wenn ich Dich nicht verteidige, Deine Nähe?

Jemand ist gleichgültig.
Die kalte Schulter tut mir weh.
Ich wäre ihm so gern einen Blick
oder eine Handreichung wert.
Er nimmt mich nicht an,
hat seine Zeitung. Ich bin
ihm ein Sprücheverkünder, vermutlich.
Jetzt ist mein Wert plötzlich
so abhängig von einer Person.

Jemand leidet und fragt Warum.
Er will es wissen, denn er ist so tief.
Hoch über seinem Bett stehe ich.
Aber er braucht mich wirklich.
Freilich, ich schweige wieder. Jetzt
nur nicht deuten, Dich nicht rechtfertigen,
nicht belehren oder etwas wissen, keine
Zitate. Ich gehe mit
durch das Tal der Fragen.
Hart, diese Klagen zu hören, nicht
drauf zu sagen: Ja, aber doch.
Zum Weinen ist das. Er leidet an Dir!
Jetzt, wo ich standhalte, faßt er
sich doch, nimmt meine Hand.
Du bist in seinen Tränen,
und wir wissen es.

Jemand strahlt solches Vertrauen aus.
Er ist in Gefahr, aber fühlt sich behütet.
Sein Gesicht,
feierlich-froh.
Was hat er nicht alles erlebt.
Jetzt werde ich glücklich.
Sein Auge verändert auch meines.
Das werde ich nicht vergessen, was er gesagt hat.
Es war im Druck seiner Hand aufgeschrieben.

Jemand stirbt.
In meinen Gliedern ist Schrecken.
Was kann ich ihm sein?
Ich sage nichts.
Die Frau möchte beten.
Zu Dir öffnet sich mein Mund.
Du schaffst, Herr, Beziehung.
Jetzt bin ich Teil der Familie.
Dieser Schrecken wird Friede.
Wir sind nicht verlassen.
Ich glaube und fühle – es ist in allen.

Manchmal sage ich, was ich glaube, aber nur,
wenn der andre fast so gesund ist wie ich.
Was aber glaube ich in diesen Zimmern?
Bin ich nicht auch wie ein Schilfrohr,
oft unter Wassern? Ich kann nicht
verkündigen, aber oft tief vertrauen
und dann glaube ich, was ich sage.
Dann ist es aus mir und aus unsrer gemeinsamen Erfahrung.
Dann stimmt es, weil ich Zeit hatte,
zu fühlen, was wahr ist, in mir und im andern.

Ich erfahre, daß ich mich nicht entziehen kann.
Das Leiden verändert mich und mein Glauben:
Von Bett zu Bett, von Tod zu Tod,
von Tag zu Tag und Jahr und Jahr.
Ich gehe mit hindurch und weiß:
Der Glaube kommt aus dem Leid und aus der Liebe.
Ich mache auch glückliche Erfahrungen, viele.
Du, Herr, füllst uns schon, wenn Du uns fehlst.
So läßt Du auch mich nicht allein.
Ich bin verbunden mit diesen Menschen.
Warum mögen sie mich denn,
wenn nicht wegen dir?
Ich will mich ihnen weiter verbinden.
Viele Schmerzen erleide ich mit ihnen.
Wie kommt aus der Tiefe
solcher Trost und immer neue Liebe?
Es ist schön, diesen Dienst zu tun.

Psychologische Aspekte
der seelsorgerlichen Beziehung

1. Beziehung zu mir selbst

Am Anfang steht meine Beziehung zu mir selbst. Wie geht es mir
»mit mir«? Wie verhalte ich mich zu meiner eigenen Gestimmtheit,
meinem körperlichen Befinden gegenüber? Welche allgemeine Ge-
fühlslage, Berufs(un)lust prägt mich heute? Was werde ich antworten, wenn ich gefragt werde, was mein Gesichtsausdruck über mein
Ergehen sagt? Werde ich dann etwas Zutreffendes über mich sagen
oder eigene Befindlichkeit lieber zu verbergen suchen? Es sollte mir
einigermaßen gut gehen, wenn ich mit dem Besuchen beginne. Wo
nicht, möchte ich doch ehrlich mit mir selbst umgehen, Entlastung
ergreifen, wenn sie sich anbietet, nach Erholung suchen, indem ich
mich nicht auf Schwerkranken-Besuche beschränke. Sonst werde ich
an diesem Tag kein so sehr hilfreicher Gesprächspartner sein und auf
Dauer etwas von meiner Menschlichkeit und Beziehungsfähigkeit
einbüßen.

Im Gespräch mit dem Kranken möchte ich meine Beziehung zu mir
selbst dauernd im Auge behalten. Ich will »ganz bei mir bleiben«, in
mir ruhen und mein Gefühl »hören«, mich selbst besitzen und nicht
im andern aufgehen, mein individuelles Ich bewahren und nicht eine
Amtsperson-Maske für mich agieren lassen. In der Beziehung zu mir
selbst lege ich Wert darauf, daß meine eigenen Bedürfnisse mir bekannt bleiben, und ich sie unter der Regulation meines Erwachse-
nen-Ichs befriedige (soweit es geht), damit sie nicht unbewußt in der
Herrschaft des Kind-Ichs gestillt werden. Ich brauche z.B. Anerkennung, Sicherheit und Intimität. Wer behütet mich davor, daß ich bei
Patienten aufdringlich oder vertrauensselig, dem Personal gegenüber
statussüchtig und egoistisch auftrete? Wie finde ich direkte, legitime
Gratifikation für meine Arbeit und Ausgeglichenheit durch genü-
gend menschliche Nähe in direktem Kontakt, damit ich sie nicht aus
ungutem, illegitimem Weg gewinnen muß?

Meine Person und Persönlichkeit ist »das Instrument« der Seelsorge. Stimmt das, so kommt es auch darauf an, daß ich auf sie achte. Bin ich mir bewußt, wie schwere Erlebnisse, der Anblick von Toten, Besuche an Sterbebetten in mir nachwirken? Gehe ich »verdaut« oder »unverdaut« zum nächsten Patienten? Gestatte ich mir, ihm gelegentlich zu erzählen, wie es mir geht, oder eine Pause zu machen, bis ich wieder frei und freundlich sein kann? Ich möchte mir erlauben, daß mein Kind-Ich, meine Traurigkeit, Müdigkeit, Überspanntheit usw. sich ausdrücken dürfen. Mein Erwachsenen-Ich sorgt für die angemessene Form (»selektive Echtheit«). Ich möchte mehr und mehr als menschlicher Mensch und nicht als pastorale Person leben und wirken. Gerade dann werde ich vielleicht um so mehr auch Pfarrer sein können.

Die ältere Seelsorgeliteratur hat der Person des Seelsorgers wenig Interesse geschenkt. Aus der Rolle und Aufgabe ergaben sich rasch alle Praxisvorschriften. Wer sich Personenkunde und Fallwissen angeeignet hatte, der wußte, wie beim einzelnen Patienten vorzugehen war. Wenn er dann, entsprechend dem patriarchalischen Pfarrerbild, richtig »handelte«, konnte er seelsorgerlich nicht scheitern. Das Ziel des Kontakts war weniger eine Begegnung, viel mehr eine Art pastorale »Behandlung«. Der Seelsorger glich sich in seinem Vorgehen dem Arzt an. Seiner eigenen Seele mußte deshalb keine Aufmerksamkeit geschenkt werden. Der Pfarrer wurde durch seine Rolle geschützt, durch sein amtliches Tun konstituiert, nicht durch seine persönliche Menschlichkeit und seine Beziehungsfähigkeit.[21]

Jetzt darf es eigentlich keinen Seelsorger mehr geben, der nicht sensibel geworden ist für die Vorgänge in ihm selbst, der der Wahrnehmung der eigenen Gefühle nicht genauso viel Aufmerksamkeit schenkt wie den Gefühlen des andern, der nicht weiß, daß er Rat braucht, und sich um Seelsorge für sich selbst bemüht. Seelsorger brauchen Begleitung und Lebenshilfe, wenn sie zu Begleitern und Lebenshelfern für andere werden wollen.[22]

21 Vgl. z.B.: Pressel, Vom Umgang mit Kranken, Stuttgart 1962. Das »Behandlungsziel« ist erreicht, wenn Krankheit als Folge von eigenen Verfehlungen erkannt wird; passim.
22 S.u. das Kapitel »Die Gesundheit des Krankenhausseelsorgers«.

2. Übertragung und Gegenübertragung

a) Übertragung

Der aus der analytischen Psychologie stammende Begriff ist in den ersten beiden Kapiteln eingeführt worden. Das Phänomen, dort als religiöse Übertragung beschrieben, soll hier mehr in seiner grundsätzlichen psychologischen Bedeutung erläutert werden. Übertragung bedeutet im psychologischen Sinn: Wir erkennen zunächst immer nur schon Bekanntes; wir erfassen Neues nur im Rahmen dessen, daß wir es im Rahmen des Altvertrauten betrachten; wir verstehen Erfahrungen anderer nur insoweit wir sie selbst ähnlich gemacht haben; wir gehen auf Menschen zu, indem wir frühere Begegnungen in neuen Beziehungen wiederholen; wir agieren in ähnlichen Situationen nach ähnlichen Verhaltensmustern.

So überträgt der von uns besuchte Patient außer seinen religiösen Innen-Gehalten auch Abbilder seiner kirchlichen Sozialisation auf uns, Vorerfahrungen mit Pfarrern, Erinnerungen an und Erlebnisse mit dem Glauben und mit der Kirche. Übertragen werden frühere Eindrücke und – damit verbunden – Affekte. Übertragung ist ein unmittelbar und unwillkürlich ablaufender Vorgang, der die ersten Augenblicke einer neuen Beziehung durchweg beherrscht. Aus der Übertragung ergibt sich die Erstreaktion des Besuchten auf das Angebot des Besuchs, seine Art, auf den Seelsorger zuzugehen und sich ihm gegenüber zu verhalten. Wir wissen, daß wir – zumal im Krankenhaus – von einer positiven Erstreaktion ziemlich abhängen und deshalb von der Anfangsübertragung als dem Grundkapital der Beziehung sprechen dürfen. Tatsächlich erleben wir in der Mehrzahl der Fälle eine freundliche Aufnahme. Manchmal spüren wir die positive Gefühlsqualität der Übertragung im ersten Moment: Es kommt uns – den Fremden – Wärme, Freude und Dankbarkeit entgegen. Manchmal ist diese Übertragung schwächer, und wir müssen uns erst an die bestehende Gefühlsqualität herantasten. Manchmal ist die Übertragung überstark positiv, so daß wir uns fast vereinnahmt und als engste Vertraute wider Willen fühlen. Es gibt daneben auch die indifferente oder ablehnende Übertragung, die sich ebenfalls in schwächeren oder stärkeren Erstreaktionen äußert: als Desinteresse, Gleichgültigkeit oder heftige Feindseligkeit. Das, was sich in den ersten Se-

kunden ereignet, ist glücklicherweise in der Mehrzahl der Fälle ein beziehungsstiftendes Wiedersehen; wir empfanden ein Geschenk des erinnernden Herzens, das uns seine Tür öffnet. Vielleicht können wir uns im Verlauf des Gesprächs dafür bedanken, indem wir dem Geber des Vertrauens etwas schenken, das sein Vertrauen belohnt. Aber vielleicht ist das Übertragungsgeschenk in nuce schon das meiste, was sich zwischen uns ereignet, weil wir dem Grundstrom, der sich zu uns hinbewegt, eigentlich nichts hinzufügen können, als ihn dankbar und sensibel zu benützen. Auf der andern Seite lehrt uns die Psychologie, daß Übertragungen auch beziehungshemmende Hindernisse sein können. Es werden ja oft Figuren und Vorerfahrungen auf uns übertragen, über uns gestülpt, die uns unwillkommen sind und nicht zu uns passen. Es werden Erwartungen an uns gerichtet, die wir so nicht erfüllen können, weil die Übertragung uns mißversteht. Wir wollen als Seelsorger nicht nur aus der Qualität von früheren Beziehungen eines Patienten mit unseresgleichen leben, sondern genauso auch aus dem, was wir selbst individuell und aktuell in die Beziehung einbringen. Unser Wunsch nach Originalität wird aber nun von den alten Bildern überdeckt. Wir werden nicht als das erkannt, was wir sind, sondern werden »verwechselt«. Die Übertragung ist also auch eine Verfälscherin der Beziehung. Sie erzeugt eine Anfangsatmosphäre, die von »falschen« Bildern geprägt ist. Daraus entstehen Annahmen und Ablehnungen, die später revidiert, trügerische Harmonien, vermeintliche Sympathien auf der einen oder unbegründete Disharmonien bzw. Mißverständnisse auf der andern Seite, die nach und nach zugunsten der »richtigen« Einstellung und Beziehung verändert werden. Spricht man hier von »falsch« und »richtig«, so vereinfacht man den Prozeß der Begegnung allerdings, denn des Bildermachens ist ja kein Ende: eine Übertragung löst die andere ab. Das Ziel, daß wir in unserer unverwechselbaren Einmaligkeit und Besonderheit erkannt und verstanden werden, ist nur annäherungsweise möglich.
Die Psychologie setzt auf die Übertragung zwischen Klient und Therapeut, um sie zu erhellen und zu überwinden. Wir können (und wollen) die Übertragung in der Krankenhausseelsorge nicht in diesem Sinn bearbeiten und wegschaffen. Aber wir werden darauf achten, daß wir nicht, unter Verzicht auf Eigenpersönliches, im Netz der Übertragung schwimmen, sondern im Lauf der Gespräche deutlicher

gesehen werden als die, die wir sind. Ich glaube, daß wirkliche Begegnung zwischen zwei Menschen doch nur möglich ist, wenn eine warme Übertragung und ein Neuerkennen und Annehmen der individuellen Eigenart des Gegenübers zusammentreffen.

Ich möchte hier noch einmal ein Beispiel religiöser Übertragung nennen, das wir in der seelsorgerlichen Begegnung wahrnehmen können, und zwar die Projektion bestimmter Über-Ich-Ideale auf den Seelsorger:

Die Kirchenbeziehung: Der Pfarrer evoziert beim Gegenüber Schuldgefühle und Rechtfertigungen wegen des mangelhaften Kirchenbesuchs. Der Seelsorger scheint von dem Besuchten zu verlangen, Gott nicht nur im praktischen Leben, sondern auch am Sonntag in der Kirche zu dienen. Da diese – durch unser Verhalten nicht verursachte – Selbstrechtfertigung sehr viel weiter verbreitet ist als der Druck, die Kirche zu besuchen, handelt es sich bei dieser Übertragung nicht um ein internalisiertes schlechtes Gewissen, von Eltern oder Pfarrern erzeugt, sondern um die Projektion eines Urgefühls. Es muß das aus unserem Seinszusammenhang mit Gott stammende Urgefühl sein, daß wir ihm Ehre und Dankbarkeit schulden und verpflichtet sind, ihn an seiner heiligen Stätte anzubeten und Weisung von ihm zu nehmen. Der Seelsorger soll also wissen, wovon der Patient spricht, wenn er sagt, daß er »nicht so oft in die Kirche geht«: Von seiner Gottesbeziehung.

Das Schuldgefühl des Alkoholikers: Beim Alkoholiker wird im Besuch des Seelsorgers Angst hervorgerufen. Er kann im Pfarrer gleichzeitig eine Straf-Instanz und sein eigenes Ideal-Ich sehen. Auf unseren Besuch reagiert er dann entweder mit erhöhter Abwehr oder ganz besonderer Willfährigkeit. Aus Angst kann er entweder gar nicht mit uns reden, oder er kann uns als Lehrmeister für reuevolle Umkehr und den Beginn eines neuen Lebens benützen wollen. Manchmal beeilt er sich, seine Rechtschaffenheit zu betonen, die wir nicht in Zweifel gezogen haben. Er kann vor uns nicht anders, als sich zu verdammen oder zu idealisieren. So sind wir oft von vornherein ungeeignete Gesprächspartner für den Alkohol-Kranken. Die Übertragung verhindert in diesem Fall eine hilfreiche Beziehung – wir schauen uns besser nach anderen Hilfspersonen um.

Der feste Glaube des Seelsorgers: Bei dieser Form der Über-Ich-Übertragung handelt es sich auch wieder um die Projektion eines inneren Bildes. Die Vorstellung, der Pfarrer sei ein Fels des Glaubens, ohne Zweifel und Anfechtung, mag einem tief-inneren Bedürfnis entspringen, daß es solche Felsen geben möge, oder auch der Ideal-Vorstellung, daß man selbst eigentlich auch allezeit im Glauben fest sein müßte.

Der Patient, der sich dann etwa so ausdrückt:»Da würden vielleicht sogar Sie, Herr Pfarrer, manchmal an der Gerechtigkeit zweifeln!«, macht mit dem auf uns übertragenen starken Glauben keine Aussage über uns, sondern über sich. Der hohe Wert all dieser religiösen Übertragungen ist dies, daß der Patient bei unserem Besuch durch die Übertragung sehr intensiv von seiner Erfahrung und seinen Gefühlen sprechen kann. Die Ausnahmen, bei denen die Übertragung ein echtes Zu-sich-selbst-Kommen des Patienten gerade verhindert, tun dieser Regel keinen Abbruch, und es ist eine schöne Aufgabe für uns Seelsorger, die Übertragung verständnisvoll zu nutzen. So kann die seelsorgerliche Begegnung dem Patienten sowohl zu dem Erlebnis des Angenommen- und Verstandenseins, wie zu einer vertieften Selbsterfahrung verhelfen.

b) Gegenübertragung

Wie der Patient »aus alter Vertrautheit« von mir nicht unberührt bleibt, wenn ich an sein Bett trete, so auch ich nicht von ihm. Es ist klar, daß auch ich Bilder und Vorstellungen an ihn herantrage, die sich aus meinen früheren Begegnungen mit Menschen herleiten. Der Patient ist mir von Anfang an »sympathisch« oder »unsympathisch«, er erscheint mir interessant oder uninteressant, leicht oder schwer erreichbar. Ich fühle mich von ihm gar nicht, wenig oder stark angezogen, richte also eine milde, normale oder starke Übertragung auf ihn.

Nicht nur die menschliche Eigenart des Patienten begegnet mir in einer vor-bekannten Weise – auch seine Krankheit berührt mich durch die Übertragung. »Mitgefühl« entsteht ja nur dadurch, daß der Mensch in sich fühlen kann, wie es ihm selbst gehen würde, wenn er in der gleichen oder einer ähnlichen Krankheitslage wäre wie der Besuchte. »Sym-pathie« ist Ausdruck der Fähigkeit, fremdes Leid als eigenes zu spüren. Diese Einfühlung, zu der wir von unserer gemeinsamen Menschennatur aus begabt sind, ist wichtige Voraussetzung für das Verstehen im Gespräch am Krankenbett. *Clinebell:* »Eine therapeutische Beziehung gedeiht, wenn der Berater sich völlig in den leidenden Menschen hineinversenkt und ihm zur Seite ist.«[23] Je besser wir uns in eine Krankheit hineinversetzen können, weil wir z.b. auf Grund eigener Geschichte zu ähnlicher Körperreaktion neigen oder gar ähnliche Symptome selbst entwickelt haben, um so besser entfaltet sich unsere Einfühlung und unser Verstehen (aber um so größer ist auch die Gefahr der Verfälschung durch vermeintliches Wissen, wie etwas ist und also immer sein muß).

Übertragung ist Voraussetzung auch meines Verstehens und meiner Empathie. Mein Bilder- und Gefühlswelt empfängt ständig Impressionen von den Mitmenschen, und mit ihnen gehe ich wieder auf Menschen zu. Ich könnte mich verleiten lassen, bei meinen Krankenbesuchen nur der Neigung zu folgen, die zu bevorzugen, mit denen ich erfahrungsgemäß am besten sprechen kann. Auch dann würde Gegenübertragung meine Schritte lenken. Vielleicht suche ich tatsächlich unbewußt immer wieder »meine« »Mütter«, »Väter«, »Omas«, »Schwestern«, »Kinder«, Personen, die mich meine Primärbeziehungen wiederholen lassen? Sicher brauche ich solche Wiederholungserlebnisse, ich werde aber vorsichtig sein, auf daß meine eigenen Bedürfnisse denjenigen des andern, die erst noch zu ermitteln sind, nicht in den Weg geraten.

Ein besonderer Aspekt des Übertragungsgeschehens ist unsere Aufmerksamkeitsfähigkeit. Wer kennt nicht Zuhörschwierigkeiten und macht sich darum Vorwürfe? Immer wieder müssen wir doch mit dem Problem unserer fortwandernden Gedanken kämpfen. Das kann etwas mit unserer Unkonzentriertheit zu tun haben oder mit der Tatsache, daß ein Patient nicht in der Lage ist, uns stark zu beeindrucken, anzuziehen, zu fesseln. Häufiger aber läuft in uns beim »Verlust des Fadens« dies ab: Was der andere uns erzählt, erinnert uns an anderswo Erlebtes. Wo das nicht so wäre, könnten wir den andern ja nicht verstehen. Wir müssen also zuerst über etwas anderes in uns nachdenken und dann zu ihm zurückkehren. Bevor wir das Besondere des andern erfassen können, rastet das Gleich-Wie... in uns ein. Unsere Unaufmerksamkeit erweist sich also als etwas, wofür wir nichts können. Dann dürfen wir darüber gelassener werden. Etwas

23 Clinebell, Modelle beratender Seelsorge, S. 46

67

anderes ist es mit unserer Einbildung, die wir manchmal haben, den andern sehr gut verstanden zu haben, weil wir meinten, jetzt einmal scharf zugehört zu haben. Gelassenheit sollte hier dem Mißtrauen weichen gegenüber uns selbst: Wir konnten aufnehmen und verstehen nur, was uns vertraut war, jedenfalls zunächst. Gegenübertragung kennen heißt darum auch bescheidener werden mit dem eigenen Anspruch, verstanden zu haben.

Dazu *Piper:* »Die schmerzhafteste Entdeckung... ist die Erfahrung der eigenen Unfähigkeit zuzuhören. Diese Erfahrung ist allgemein und wird ohne jede Ausnahme gemacht... Wir sind von Natur aus unfähig, zuzuhören und zu verstehen... Unser Ohr ist nicht offen, sondern es ist gebunden an ein für uns spezifisches Bezugssystem, es ist gefangen in einem für uns gültigen, aber gerade darum begrenzten Wertsystem. Wir hören, was wir hören *möchten,* wir verstehen so, wie wir verstehen *wollen*... Das Anderssein des andern ist für uns eine Zumutung, der wir in der Regel nicht gewachsen sind.«[24] Das Ziel heißt unzweideutig und gleich wie oben: Gegenübertragung ist zu bekämpfen, weil sie verhindert, daß ich den andern in seinem Anderssein erkenne. Die Überwindung der Gegenübertragung mit ihrem Wiederholungszwang und ihren Mißverständnissen führt erst zur richtigen Beziehung. Wir können es an uns selbst bestätigen: Wenn wir, der andere und ich, uns in unserem unverwechselbar eigenen Personsein begegnen, wenn wir *uns* also verstehen, dann schwindet alle Aufmerksamkeitsstörung. Das Individuelle des andern berührt uns vital; wir machen eine neue Erfahrung.

3. Nähe und Distanz in der Gesprächsführung

Wie bei der psychologischen Beratung von heute, so ist *Rogers* auch bei der kirchlichen Gemeinde- und Krankenseelsorge der Hauptpate. »Positive Wertschätzung und emotionale Wärme« ist und bleibt die wichtigste »beziehungsstiftende und beziehungsfördernde Grundhaltung«.[25] »Verbalisierung emotionaler Erlebnisinhalte« ist das

---

24 Im Aufsatz: Perspektiven klinischer Seelsorge; enth. im Sammelband »Perspektiven der Pastoralpsychologie«, Hg. v. Rieß, Göttingen 1974; hier S. 145.
25 Scharfenberg, Seelsorge als Gespräch, Göttingen 1972, S. 92.

grundlegende Instrument, um dem andern gefühlsmäßig nahezukommen und ihm in der Aufgabe und Wiederspiegelung seiner nichtverbalen Mitteilungen zu helfen. »Echtheit« stellt die Grundforderung an den Seelsorger dar, in der Zuwendung zum andern er selbst zu bleiben. Zum Instrumentellen gehört Hör- und Wahrnehmungsfähigkeit, zum Menschlichen die Kraft, sich dem emotionalen und somatischen Leid der Kranken auszusetzen. Von »Technik« darf um der Beziehung willen nichts spürbar werden. Verbalisierung emotionaler Erlebnisinhalte wird in der unaufdringlichen Art des zufällig sich zugesellenden Begleiters ausgeübt.

Da es eine große Menge guter Literatur zum Thema »Gesprächsführung« gibt, wollen wir in diesem Zusammenhang nur solche Aspekte des Themas ins Auge fassen, die für die spezielle Situation der Krankenhausseelsorge bedeutsam sind. Die wichtigsten Besonderheiten der Gesprächsführung am Krankenbett sollen hier unter den leitenden Begriffspaaren Nähe – Distanz und Passivität – Aktivität zur Darstellung kommen.

a) Intensive Zuwendung – Echtheit

Wieviel persönliche Echtheit, Aufrichtigkeit oder Authentizität ist dem Seelsorger erlaubt bzw. möglich, der sich selbst gleichzeitig ganz zurückstellt, um beim andern zu sein? Wir stoßen hier auf eine Seite der Nähe-Distanz-Spannung, die wir mit den folgenden Zitaten illustrieren: »Eine therapeutische Beziehung gedeiht, wenn der Berater sich völlig in den leidenden Menschen hineinversenkt und ihm zur Seite ist. Er soll sich ganz auf das Zuhören, Mitfühlen und Nahesein konzentrieren.«[26] – »Das Allerwichtigste, was jeder lernen muß, der eine helfende Beziehung irgendeiner Art herstellen will, ist dies, auf transparente Weise echt sein zu können.«[27] Was ist das Wichtigste, das erste und das zweite? Einerseits ist richtig: Gerade im Krankenhaus ist die Forderung an den Seelsorger, »Zuneigung, Wärme, Sorge, Annahme, Interesse, Achtung«[28] zu schenken, von größter

26 Clinebell, a.a.O. S. 46.
27 Rogers, Entwicklung der Persönlichkeit, Stuttgart 1973, S. 65.
28 Nach Hammers, Gesprächspsychotherapeutisch orientierte Seelsorge; in: Scharfenberg (Hg.), Freiheit und Methode, Göttingen 1979. Vgl. den Aufsatz von Hammers zu diesem ganzen Abschnitt.

Bedeutung. Sie ist aber gleichzeitig eine Überforderung, denn die psychische Fähigkeit zur Zuwendung ist begrenzt. Deshalb gilt andererseits: Der Anspruch an den Seelsorger, Nähe zu schenken, bleibt nur richtig im paradoxen Gegenüber zur Betonung der Selbstkongruenz, die jede Schauspielerei, geheuchelte Zuwendung, gemachte Einfühlung verbietet.

Die von Rogers thematisierte Echtheit berechtigt also zur Distanz, zur gesunden Begrenzung der Anteilnahme, zum ehrlichen Eingeständnis des Nicht-nahe-sein-Könnens. Die »totale Nähe«, »unverminderte Zuwendung«, »ununterbrochene Wärme«, die im Krankenhaus wohl gebraucht werden könnte, bringt den Seelsorger »außer sich«, macht ihn zur Trostmaschine, zum unbrauchbaren Begleiter. Also weg mit dem Unechten! Es geht darum, die eigene Begrenzung zu erkennen, Menschen enttäuschen zu müssen, nicht sein zu wollen wie Gott. Echtsein heißt: Nur so viel hinausgeben, wie in einem ist. Echtsein heißt: Für den andern ein einfacher Mensch bleiben, der sich auch (in sich) zurückziehen kann, nicht immer für den andern dasein muß. Echtsein heißt: Auch um den eigenen Schutz besorgt sein und den andern vor unglaubwürdiger, berufsmaskenhafter Zuwendung beschützen. Der sich verausgabende Helfer ist in Gefahr, plötzlich nicht mehr zu können – seine Liebe schlägt dann unverhofft um in Depression oder Aggression. Die Aufgabe ist, eben nicht im andern zu versinken, in dessen Erleben ich mich versenke, sondern in mir selbst zu ruhen, während ich beim andern bin. Das ist die Regel des gleichzeitig Ganz-Drin- und Ganz-Draußen-Seins. Wir betonen hier die Echtheitsforderung deshalb so stark, weil die Zuwendungsforderung wohl meist viel leichter und bereitwilliger von uns erfüllt wird. Der immer wieder in uns erklingende Appell, daß wir uns vom Patienten und seiner Krankheit betreffen lassen mögen, muß ergänzt werden durch die Mahnung, niemals zu sehr mitbetroffen zu sein. Der Seelsorger kommt also dem Patienten nahe und bleibt gleichzeitig im Hintergrund. Er schenkt intensive Zuwendung und darin doch nur so etwas wie die freundliche, gleichmäßig schwebende Aufmerksamkeit Freuds. Was Echtheit in der intensiven Zuwendung freilich darüber hinaus noch heißt, darüber im folgenden Abschnitt:

70

b) Unpersönliche Begleitung – ich-erfüllte Partnerschaft

Oft führen die Reizworte »klienten-zentriert« und »Spiegel-Methode« zu einer unglücklichen Fehlhaltung des Seelsorgers: Er schenkt dem Gegenüber eine person-entleerte, haltungsmechanische Zuwendung, von der er glaubt, daß sie ihn dem andern sehr nahe bringt. In der gutgemeinten Erfüllung des Gebots, eigene Gefühle, Meinungen, Wünsche tunlichst draußen zu lassen, beraubt er den Patienten einer wirklichen zwischenmenschlichen Begegnung. Er beginnt seine Sätze mit:»Sie empfinden . . .«, »Es ist schlimm für Sie . . .«, »Sie sind also auf dem Wege . . .«, – so wie man es machen muß, wenn man seinen Beruf gelernt hat. Er folgt dem Kranken einfühlsam nach und begleitet ihn durch die Höhen und Tiefen, von denen dieser erzählt. Aber mit dieser Selbsthingabe an den andern entzieht er sich diesem gleichzeitig, ohne es zu wollen. Der »reine Rogers« ist eine große Hilfe – im Krankenhaus aber nur die halbe. Oder haben wir den Meister etwa nur halb verstanden? Wie es auch sei, gerade die Kranken brauchen besonders dringend ein Gegenüber mit den Gaben Gefühl, Mit-Leid, Beteiligung, Ich-Bewußtsein.

In manchen Rollenspielen erlebt man Seelsorgeversuche, die auf die Beobachter sehr distanziert wirken, weil die Übenden alles technisch richtig machen wollen, sich selbst dabei aber vergessen und verlieren. Man begegnet ich-losen Analysierern ebenso wie ich-losen Einfühlern; der mehr rationale Ansatz setzt den Klienten unter Druck, der mehr emotionale beraubt ihn eines Gegenübers. Beide Male ergibt sich trotz angestrengt erarbeiteter Nähe nur große Ferne.

So wahr es ist, daß es nicht um uns geht, sondern um den Patienten, so wahr es ist, daß wir Instrument oder Medium der Zuwendung Gottes sein dürfen und sollen, also mit unserer Eigenmenschlichkeit in den Hintergrund zu treten haben, so dringend nötig braucht der Patient auf der anderen Seite unsere individuelle Partnerschaft. Wir sollen nicht selber zu reden anfangen, wo es darum geht, daß wir zuhören, aber wir sollen so oft es geht »Ich« sagen. Das Leid des andern will gerade beim christlichen Seelsorger nicht an einer Mauer abprallen, die sich stolz »Haltung« nennt, sondern soll dessen Ich treffen dürfen, es bewegen und vibrieren lassen. Der Seelsorger kriegt im allgemeinen nicht viel Raum, um sich einzubringen (weil es zum Krankheitsschicksal oft wenig zu sagen gibt), um so mehr ist er gehalten, sich selbst immer wieder Raum zu schaffen, seine Gefühle auszudrücken, seine Fragen, Gedanken, Sehnsüchte zu sagen, eben alles zu tun, um dem andern als konkretes, liebendes und leidendes, starkes und schwaches Ich fühlbar zu werden. Sooft der Seelsorger »Ich« sagt, wird er dann aber darauf achten, die Beziehung nicht zu stören, die Zentrierung des Gesprächs auf das Gegenüber nicht zu unterbrechen. Der andere bleibt der Mittelpunkt, aber eine Beziehung besteht elliptisch aus zwei Brennpunkten, oder sie besteht nicht. Um das Ich des Patienten anzunehmen, soll ich ihm das eigene Ich nicht verweigern. Solche ich-erfüllte Echtheit distanziert nicht, sondern schafft Nähe.

c) Anpassung – Eigenständigkeit

Als weitere Facette im Spektrum der Nähe-Distanz-Problematik wollen wir abschließend Anpassung und Eigenständigkeit einander gegenüberstellen. Als Menschen, die im Krankenhaus keinen klar definierten Mach-Auftrag haben, als einsame Einzelgänger im Gewirr der Stationen, als Leute, die an Türen klopfen, hinter denen Fremde liegen, haben wir Seelsorger selbstverständlich das Bedürfnis, mit den Patienten rasch warm zu werden, um dadurch ein Gefühl von Sicherheit und Identität zu gewinnen. Aus unserer objektiv schwierigen Arbeitssituation kann dann das subjektiv einfühlbare, aber doch schädliche Anpassungsverhalten kommen – von uns rationalisiert als Zuwendung, in Wirklichkeit ich-lose Anbiederung. Freilich handelt es sich hier wieder um ein Paradox: Ohne die Selbstzurücknahme des Seelsorgers und die ganze Hinwendung zum Patienten, der dann im Mittelpunkt steht, gibt es keine seelsorgerliche Beziehung. Wir können und dürfen nach der Selbstvorstellung zunächst nichts sein als eben das, was der Patient dann mit und aus uns macht. Aber mit *uns,* aus *uns!* Die Gefahr ist, daß wir vor lauter Sehnsucht, angenommen zu werden, uns so weit dem andern zuneigen, daß wir unseren Stand zu verlieren drohen. Wir spüren dann nicht mehr, wie der Patient uns wirklich auf- und annehmen möchte, weil wir zu wenig Raum zwischen ihm und uns lassen. Zu schnell sind wir (hier aus eigennützigen Motiven) ganz nahe beim andern mit unserem Annehmen, Verstehen, Einfühlen und Begleiten, so daß es für den Patienten keine Möglichkeit gibt, uns zu signalisieren, was er mit uns anfangen kann, und keine Möglichkeit für uns, diese Signale zu empfangen. Deshalb ist ein (bei unsrer Tätigkeit schwieriges) ruhendes Selbstbewußtsein für uns notwendig. Wir brauchen die Annahme durch die Patienten, aber wir sind doch nicht völlig darauf angewiesen. Wir können dem andern Luft verschaffen und Zeit lassen, sich auf uns einzustellen und uns vielleicht auch abzulehnen, weil wir in uns selbst gefestigt, angenommen und »eigen-ständig« sind. Auch hier gilt: Zuwendung und Begleitung darf nicht ich-los und selbstverleugnend geschehen. Sonst wird aus unseren Bemühungen ich-süchtige Zudringlichkeit, die den Abstand zum andern mißachtet und seine Freiheit und Fremdheit ignoriert.

Wir bewegen uns auf schmalem Grat. Bei jedem Gespräch wird die paradoxe Doppelaufgabe von Distanz und Nähe, von Zuwendung und Selbstkongruenz von Neuem gelöst werden müssen.

4. Aktivität und Passivität in der Gesprächsführung

a) Gegenwärtigkeit

Will ich etwas, wenn ich ein Zimmer betreten? Habe ich eine methodische Richtlinie, einen Aktionsplan, eine Zielvorstellung? Eines weiß ich: Ich will, wenn es möglich ist, ein Gespräch führen. Ich bin aktiv in dem Sinne, daß ich das Gespräch eröffne, wenn ich den Patienten besuche. Aber dann? Ich weiß nicht, ob sich der Gesprächspartner auf ein Gespräch einläßt. In allem, was sich entwickelt, will ich dem andern den Vortritt lassen. In diesem Sinn ist alles offen, und ist der andere, wenn er mit mir sprechen will, der Leiter der Aktion. Ich lasse mich weitgehend von ihm führen.

»Der wahre Seelsorger macht sich mit dem andern auf den Weg, gehorsam wie Abraham, als er aus Ur auszog, ohne zu wissen, wo er ankommen würde.« Diesem Satz von *W. Zijlstra*[29] stimmt auch *H. Chr. Piper* zu, der in seinem Aufsatz »Macht und Ohn-macht: Die Frage nach dem Proprium der Seelsorge«[30] für das Seelsorgegespräch nur eine Vorgabe macht: Seelsorge »ist *Gespräch*. Dabei beginnt einer

29 W. Zijlstra, Seelsorge-Training, München, Mainz 1971, S. 37.
30 H. Chr. Piper in: Wege zum Menschen 34, 1982, S. 291ff.

der beiden Gesprächspartner dies Gespräch im Namen und Auftrag
Gottes. Er gibt sich dem andern als Pfarrer, als Seelsorger zu erkennen.«[31] Der nächste Satz lauter schlicht und einfach:»Dann wartet er
zu, was daraus wird.«[32] Der Seelsorger wählt hier mit Vorsatz eine
Inaktivität, die aber nicht mit Passivität verwechselt werden darf,
sondern die bedeutet, daß im folgenden Gespräch keine Einseitigkeit
vorherrscht, sondern »ein wechselseitiges Geben und Nehmen«[33].
Dieser Aktivitätsverzicht des Seelsorgers bedeutet aber auch, daß mit
dem seelsorgerlichen Tun eine »Schwachheit«, eine »Entäußerung«
an Macht verbunden ist, wie Piper sagt: »Das ist das *Proprium der
Seelsorge:* ihre ungeschützte, unstrukturierte Situation und die
Ohnmacht des Seelsorgers, seine bei jedem Gespräch wieder neu ein-
setzende Spannung, was nun wohl daraus wird.«[34]
Die Schwachheit, sich bewußt in etwas hineinzubegeben, von dem
man nicht weiß, was daraus wird, und dabei möglichst dem andern
den Vortritt zu lassen, bringt noch etwas Zweites mit sich: Der auf
Methodenkodex und Aktionsplan verzichtende Seelsorger ist mit der
eigenen Person der Gesprächssituation viel intensiver ausgesetzt als
er es bei einem thematisch oder technisch vorbestimmten Gesprächs-
ablauf wäre. Mit all seiner Sensibilität und auch Verwundbarkeit ist
er einem offenen Beziehungsgeschehen ausgesetzt, und es ist gut,
wenn er sich der Risiken, aber auch der Chancen dieses Umstands bewußt ist. Zu den Chancen rechne ich, daß er jetzt dazu befreit ist, den
andern und sich selbst »in voller Gegenwärtigkeit« zu erleben. In all
seiner Schwachheit wird er sehr wach sein, bei aller Unstrukturiert-
heit unmittelbar, in allem Geschehenden gegenwärtig, mit seinem

31 a.a.O. S. 295.
32 a.a.O. S. 296
33 ebda.
34 ebda.
Piper zögert übrigens nicht, auf das Seelsorgegespräch anzuwenden, was für jedes
normale Gespräch gilt, wenn er zur theoretisch-psychologischen Begründung seiner Position *H. G. Gadamer* zitiert, der über die Struktur des Gespräches sagt:
»Wir sagen zwar, daß wir ein Gespräch ›führen‹, aber je eigentlicher ein Gespräch
ist, desto weniger liegt die Führung desselben in dem Willen des einen oder andern Partners. So ist das eigentliche Gespräch niemals das, was wir führen wollten. Vielmehr ist es im allgemeinen richtiger zu sagen, daß wir in ein Gespräch
geraten, wenn nicht gar, daß wir uns in ein Gespräch verwickeln« (Gadamer,
Wahrheit und Methode, Tübingen [4]1975, 361; zitiert bei Piper a.a.O. 295).

Herzen, mit seinen Sinnen und seinem Verstand. So wendet er sich dem andern zu und hilft ihm dadurch, seine gegenwärtige Lage ebenfalls in unbehinderter Gegenwärtigkeit auszusagen und durchzusprechen. Gegenwärtigkeit – in diesem Begriff läßt sich einfach zusammenfassen, was mit der nicht-agierenden und doch keineswegs passiven seelsorgerlichen Gesprächsführungshaltung z.B. gemeint sein kann. Ich nehme hierbei ein Zitat auf, das Piper in anderem Zusammenhang abgedruckt hat. Ein Kursteilnehmer notiert nach einer Klinischen Seelsorgeausbildung:»Was ich gelernt habe, ist keine Methode, aber eine Art des Umgangs mit mir selber: Ich biete mich dem andern als Gegenüber, der für die Dauer des Gesprächs bereit ist, die Sache des andern mit zu seiner eigenen zu machen. Ich lasse die Sache des andern auf mich wirken und sage, wie sie auf mich wirkt, was sie in mir auslöst, was sie mir ausmacht. Ich versuche, gegenwärtig zu sein, und meine Methode ist die Gegenwärtigkeit. . . . *Ich* bin der Gesprächspartner. Ich kann nur mit *meinen* Möglichkeiten reagieren. Aber meine Möglichkeiten stelle ich zur Verfügung.«[35]

b) Sensitivität

Wir haben die Instrumenten- und Programmlosigkeit des Seelsorgers betont, seinen Verzicht, mit dem andern aktiv »etwas zu machen« besprochen, die Schwachheit und Ohnmächtigkeit dieses Helfers im Krankenzimmer beschrieben. Was tut der Seelsorger? Man sieht ihn da stehen oder sitzen, man erlebt, wie er zuhört, sich zuwendet, sich hinhält, manchmal etwas sagt. Man könnte den Eindruck gewinnen, daß das eigentlich recht wenig ist, und vom Seelsorger mehr Aktivität erwarten. Freilich kann der Beobachter nicht sehen, was sich im Innern einer Kommunikation abspielt: Wahrnehmen, Einfühlen, Annehmen, Gefühle erleben und wiedergeben, das ist Arbeit, die viel Kraft erfordert. Sich freundlich und aufmerksam zuwenden, auch wo man sich selbst innerlich noch gar nicht recht im Kontakt mit dem andern fühlt, ist anstrengend. Beim andern bleiben, auch wo es schwer wird, und ihn begleiten, wo man

---

35 Zit. bei Piper, Kommunizieren lernen in Seelsorge und Predigt, Göttingen 1981, S. 69.

oft selber kaum mehr kann, das erschöpft. Das passive Mit-aushalten, Mittragen einer Krankheitslast kann Schwerarbeit sein. Im Verzicht auf alles Selber-machen-wollen, im Unterstützen der Fähigkeiten des andern, sich auszudrücken oder mit etwas fertigzuwerden, steckt Mühe.

Sensitivität, das ist die Fähigkeit und die Tätigkeit, die eigene Sensibilität in den Dienst der Gesprächsbeziehung zu stellen. Einfühlsam sein in mich selbst und in den andern, das ist zwar keine Kunst, die man in einem Aktionstraining lernen kann, ist aber eine Naturgabe, die man verlernen kann und unter dem Druck verschiedener anderer Bedürfnisse oft verliert. Die natürliche Feinfühligkeit zu bewahren und auch in schwierigen Situationen zu keinerlei anderen Hilfen Zuflucht zu nehmen, das ist also meine Arbeit, wenn ich versuche, mitzutragen, was ein Kranker an Gefühlsbelastungen ausdrückt. Ich arbeite dann an mir selbst. Dabei kann es nur darum gehen, daß ich etwas Natürlich-Menschliches noch freier zur Verfügung habe – und doch habe ich manchmal das Gefühl, daß Sensitivität auch etwas Künstlerisches sein kann:

Mit feinen Antennen fängt der Seelsorger auf, was sein Gegenüber sagt, wie er sich dabei fühlt, und welche Beziehung er damit zum Seelsorger einnehmen will. Mit sensiblen Reaktionen (»reflection of feelings«) steht er dem Patienten bei, sich immer besser auszusprechen. Mit Takt und Fingerspitzengefühl versucht er, sich an das heranzutasten, was der Patient vielleicht im Moment gerade nicht sagen kann. Mit religionspsychologischem Verständnis nimmt der Seelsorger Bilder und Symboläußerungen auf und vertieft sie dem Patienten, so daß er seine Erfahrungen noch deutlicher sehen und erleben kann. Mit »Gestalt«-Empfinden würdigt er das »Darüber-Hinaus« der Erfahrungen und Stimmungen des Patienten und hilft ihm, die »Fülle und Ganzheit« seines je eigenen fragmentarischen Lebens zu erkennen. Eine Befindlichkeit in all ihren Facetten zu sondieren, eine Gefühlsambivalenz behutsam ans Licht zu bringen, eine unsagbare, unterdrückte, aber doch im Raum stehende Emotion sacht und taktvoll anzusprechen – was ist das alles für eine Tätigkeit? Einerseits ist es ein aktiver Dienst mitmenschlicher Liebe, andererseits ist es nur die Mühe des Hörens aufs eigene Gefühl, welches das Gefühl des andern fühlt; dritterseits ist es eine kunstmäßige Inanspruchnahme der seelischen Fingerspitzen und der Sprache.

Sensitivität – auch ein Beispiel für das, was nichtagierende und doch keineswegs passive Gesprächsführungshaltung sein kann. Wo wir es schaffen, mit seelisch-geistig-geistlicher Präsenz beim Patienten zu sein, seine Schmerzen aufzunehmen und seiner Sehnsucht Namen zu geben, da machen wir die Erfahrung, daß unsere Seelsorge eine schöpferische Tätigkeit ist: sie schafft Beziehung und Nähe. Wo wir uns mit unserer Menschlichkeit, so gut es uns möglich ist, für den andern öffnen können, bei ihm und seinem Schicksal stehenbleiben und an ihm teilnehmen, da entdecken wir, wie wir aktiv in das Geschick des andern verwickelt werden: manchmal werden wir davon erschöpft und müde.

c) Direktivität

Ich muß gestehen, daß ich nicht selten einem Gespräch eine bestimmte Richtung geben möchte, um dorthin zu kommen, wo der Kontakt zum Patienten »seelsorgerlich« werden könnte. Wieviel direktive Aktivität darf ich bei meinen Gesprächen im Krankenzimmer entwickeln? Ich begreife, daß es im Grund keine nicht-direktive Gesprächsführung gibt, weil im offenen Gespräch immer beide Partner richtungsweisende Impulse geben. Ich habe aber Sorge, daß ich manchmal aktiv »dirigieren« könnte, z.B. wenn ich mir aus dem Bedürfnis heraus, möglichst viele Besuche zu machen, zu wenig Zeit nehme, mich einzufühlen und auf den andern zu warten. Vielleicht werde ich auch manchmal aus Unsicherheit und Angst vor meinem unbekannten Gegenüber überaktiv und dirigistisch. Manchmal höre ich allerdings von Leuten, ich sei zu abwartend. Dann versuche ich, mich der Erwartung anzupassen, daß mehr Aktivität von mir ausgehen sollte. Eigentlich meinen die Kritiker aber wohl etwas anderes: Nicht, daß ich zu zurückhaltend wäre, sondern daß der andere mich zu wenig spüren kann. Deshalb möchte ich an der sensitiven, nicht-dirigierenden Art der Gesprächsführung unbedingt festhalten. Dies erscheint mir wichtig in einer Institution, wo das Personal einen direktiven Umgang mit den Insassen oft nicht vermeiden kann, und wo der Mensch durch Krankheit, Behandlung und »soziale Rolle Patient« in Unsicherheit und Abhängigkeit gerät. Ich will dem Patienten das Gefühl vermitteln, daß er es ist, der in aller Freiheit vom Seelsorger Gebrauch macht. Ich möchte mich ihm anbieten und mich von ihm in Dienst nehmen lassen. Vielleicht kann mein Gespräch ab und zu emanzipatorisch-aktivierend wirken, so daß der Patient seiner selbst mächtiger wird und der Institution mit mehr Selbstbewußtsein gegenübertritt. Die Hauptbegründung für das Festhalten am zurückhaltenden, nicht-dirigierenden Gesprächsführungsstil liegt freilich darin, daß ich unbedingt liebe- und respektvoll mit meinen Partnern umgehen möchte. Sie sind krank und sollen mir zeigen, wie sie mich jetzt gebrauchen können. Ich bin gesund und richte mich als sich selbst anbietender Helfer nach den Bedürfnissen der Besuchten. Ich weiß, daß ich, wenn wir zusammen ein Gespräch führen, immer auch in »meine Richtungen« steuere und den andern führe. Trotzdem gilt: Ich dirigiere nicht, sondern nehme mich selbst zurück. Ich bin ein aktiver Gesprächspartner, möchte mich aber, so weit wie möglich, vom andern führen lassen. Und was den Vorwurf betrifft, daß ich zu zurückhaltend wäre, d.h. dem andern in meiner Person nicht deutlich genug werde, so will ich daraus lernen, mich selbst, meine Gefühle und Anliegen noch klarer ins Gespräch einzubringen.

Als Helfer, der sich selbst einem fremden Nächsten anbietet, müssen wir allerdings auch manche Aktivität entwickeln. Ein Beispiel dafür sind die *Fragen*, die wir stellen müssen, um uns dem Problem des andern zu nähern und ihm brauchbar zu werden. Fragen können ungut wirken: bohrend-anamnestisch, teilnahmslos-neugierig oder distanzierend-unpersönlich. Deshalb ist es von Vorteil, wenn wir »bezüglich« und rücksichtsvoll fragen, das Würdegefühl des andern genauso achtend wie das eigene. Gelegentlich sind sehr viele Fragen unvermeidlich, z.B. bei schwachen und alten Menschen, die nur dadurch überhaupt in die Lage versetzt werden, sich artikulieren zu können. In den meisten übrigen Fällen sollten wir lieber in Kauf nehmen, daß wir nur ein bruchstückhaftes Verständnis gewinnen, und daß unser seelsorgerlicher Kontakt vielleicht oberflächlich bleibt, als zu viel wissen zu wollen. Die »Themenzentrierte Interaktion« lehrt uns, daß wir, wenn wir fragen, den andern immer auch wissen lassen sollen, warum wir etwas fragen, was die Frage mit uns selbst zu tun hat. Diese Regel hat durchaus auch in der Krankenseelsorge ihre Bedeutung. Auf eine besondere Frageform sei noch hingewiesen, diejenige, die wir wohl am häufigsten verwenden: die »Spiegel-Frage«. Das ist der Satz des Seelsorgers, mit dem er die Worte oder Gefühle des andern »spiegelnd« aufgreift, sie durch Wiederholung verstärkt, an dessen Ende ein ungedrucktes Fragezeichen steht. Die Stimme des Seelsorgers hebt sich am Satzende, obwohl er grammatikalisch keinen Frage-, sondern einen Aussagesatz formuliert hat. Diese Frageform führt ohne Fragen zu Neuem, weil der andere wie von selbst angeregt wird, an einer wichtigen Stelle weiterzusprechen. Obwohl ich als Seelsorger in diesem Fall nichts Eigenes sage, bin ich doch aktiv als Hörer, der mitfühlt und mitdenkt. Ich bin aktiv, aber nicht dirigistisch, weil das Zentrum des Handelns weiterhin beim Patienten bleibt, wo es hingehört.

d) Pastorale Aktivität

Ich sage, daß ich ohne Zielvorstellung zum Patienten kommen möchte. Im Grunde bin ich aber doch froh, wenn das Gespräch in eine Richtung kommt, wo der Kontakt zwischen uns »seelsorgerlich« werden könnte. Und sicher helfe ich durch meine Art der Gesprächsführung auch mit, daß es vielleicht dazu kommen kann. Ich bewege mich in meinen Reaktionen und Aktionen so, daß der Patient, wenn er möchte, seine emotionale Betroffenheit im Zusammenhang mit seinem Kranksein äußern kann. Ich bin auch froh, wenn es geschieht, daß der Patient diese Betroffenheit als religiöse artikulieren kann, wenn er sich mir als Christ zu erkennen gibt und sagen kann, wie er vom Glauben her seine Krankheit erlebt, bzw. wie er sich den seelsorgerlichen Beistand wünscht. Viele Patienten tun das spontan, andere halten sich aus vielerlei Gründen zurück. Auch hier werde ich manchmal aktiv: Ich gebe das Signal, um zu sondieren, ob mein Partner sich etwa auch religiös äußern (und in der Folge von mir eine religiöse Hilfe haben) möchte. Lieber warte ich freilich auf das entsprechende Signal vom Patienten selbst. Ich habe erfahren, daß ich ein Gespür für die feinen Signale der Patienten entwickeln kann. Die Gefahr, daß ich ungebeten religiös aktiv werde, und dann dem andern keine Hilfe bin, ist größer als die andere, daß ich ein religiöses Bedürfnis übersehe und jemanden enttäusche. Im übrigen lebe ich hier mehr und mehr angstfrei – es gibt eigentlich kein nicht-religiöses Gespräch am Krankenbett, wenn der Seelsorger aufmerksam beim andern ist und ihn zu begleiten versucht.

Den Erwartungen gegenüber, daß ich als Seelsorger pastoral aktiv werde, daß ich bete, lese, segne, tröste, verkündige, bin ich dadurch selbstsicherer geworden, daß ich auch hier gelernt habe, mehr und mehr auf mein eigenes Gefühl zu hören. Ich bin auch als Geistlicher zuerst und vor allem ein menschlicher Teil der Beziehung, und geistlich reden kann ich nur, wenn es in der gegebenen Situation wirklich aus mir kommt und mit meinem Erleben übereinstimmt. Ich brauche Zeit, zum Teil einer Beziehung zu werden, um an der Not eines andern existentiell beteiligt zu sein, um meine menschlichen und religiösen Gefühle in der Situation wahrzunehmen, um dann beten oder lesen zu können. Es ist deshalb nicht mehr so, daß das Pastorale im Krankenzimmer in einem gebrochenen Verhältnis zum Seelsorgerlichen steht: zuerst die »passive« Einfühlung und dann – in einem Wechsel der Beziehungsebene – die »aktive« Pastorierung. Ich möchte den Patienten weder so noch so zum Objekt machen, sondern als Subjekt mit ihm in Beziehung bleiben, der ebenfalls Subjekt ist. Wenn ich deshalb in meiner Aufgabe als Geistlicher geistlich zu sprechen beginne, trete ich nicht »über« den andern, sondern bleibe in voller Kontinuität der Beziehung neben ihm. »Pastorale Aktivität« am Krankenbett ist in diesem Sinne kein Sonderteil der seelsorgerlichen Beziehung, sondern ein organischer Teil ihrer selbst, wo und wann und wie auch immer es sich aus den Bedürfnissen der beiden Gesprächspartner ergibt.

Krankenhausseelsorge lernen

1. Sich selbst erfahren und deprogrammieren

Wer ans Krankenbett tritt, um Seelsorge anzubieten, möchte etwas geben; wessen Beruf das Besuchen von leidenden Menschen ist, der möchte hier etwas können und erreichen. Der christliche Krankenhausseelsorger ist Bote der Liebe Gottes und sagt das Evangelium, er will sich aber auch als in Seelendingen sachkompetent erweisen und im Gespräch mit den Patienten das Richtige tun. Deshalb gibt es ein Bedürfnis nach Ausbildung, und gibt es auch auf diesem Gebiet etwas zu lernen. Dem Lernen, Wachsen und Reifen in der Krankenhausseelsorge wendet sich dieses Kapitel zu.

Was gibt es zu lernen? Seelsorge wird als Disziplin der praktischen Theologie unterrichtet, und Gesprächsführung in Kursen eingeübt. In Theorie und Praxis bilden sich Schulrichtungen, theologische Ansätze und Methodenlehren ringen miteinander. Wer sich in Seelsorge ausbildet, wird sich mit den einzelnen Entwürfen auseinandersetzen, um sich darüber klarzuwerden, welcher Ansatz mit seiner eigenen Überzeugung und mit der gestellten Aufgabe am besten übereinstimmt. Er erarbeitet sich eine Theorie und eignet sich Methoden und Techniken an, die ihm helfen werden, in der Praxis zu bestehen. Ausgestattet mit Zielvorstellungen und Gesprächsführungstechniken, vielleicht auch seiner Rolle und Identität schon sicher, beginnt der Seelsorger die Arbeit. Er geht zu den Kranken in der Zuversicht, ihnen etwas anbieten zu können.

Wie geht es nun weiter? Man möchte erwarten, daß die gute theoretische Vorbereitung zum Erfolg führt, die Anwendung der Mittel gute Kontakte herzustellen hilft, und der Seelsorger mit den Plänen, die er sich zurechtgelegt hat, ans Ziel kommt. Doch unverhofft, schon bei den ersten Besuchen, kann es zu Störungen kommen. Der Seelsorger wird mit Schwierigkeiten konfrontiert, mit denen er vorher nicht gerechnet hat. Die Praxis zeigt sich ihm plötzlich ganz anders, Patienten nehmen ihn nicht so an, wie er gehofft hatte. Wissen und Können helfen nicht weiter, Pläne kommen durcheinander, Kontakte mißlingen. Der Seelsorger spürt undeutlich, daß seine Schwierigkeiten irgendwie mit ihm selbst zu tun haben. Damit hat er nicht gerechnet. Was hat er versäumt? In der Tat kann es sein, daß die eigene Persönlichkeit der Faktor ist, der vom lernenden Seelsorger zu wenig beachtet wurde. Es ist möglich, daß er die Reaktionen und Gefühlskräfte seiner Seele noch gar nicht kennengelernt hat, so wie sie jetzt beim Besuch am Krankenbett hervortreten. Hat der Seelsorger in der Ausbildung denn erfahren, was Leid, Schmerz, Trauma und Tod mit ihm selber machen? Hat er gelernt, wie sein Bedürfnis, bei den Menschen anzukommen, ihn beeinflußt? Ist ihm bewußt geworden, wie er mit den eigenen Bedürfnissen nach Nähe und Distanz zurechtkommen wird? Kennt er sich in der Frage, wie Ohnmacht und Hilflosigkeit sich bei ihm auswirken können, wenn er doch angetreten ist, den Kranken ein guter Helfer zu sein?

Hat sich der Seelsorger mit diesen Fragen nicht auseinandergesetzt, werden ihm Programme und Kenntnisse in der Praxis wenig helfen. Im Gegenteil, Techniken und Methoden können in manchen Fällen dazu dienen, den Seelsorger über seine Schwierigkeiten hinwegzutäuschen oder ihn gegenüber dem Patienten abzuschirmen. Ein sehr betroffener und beinah handlungsunfähiger Seelsorger kann sich noch »retten«, indem er sich an seinem Handwerkszeug festhält. Aber er fühlt, daß die Beziehung sich nur noch mühsam am Leben halten läßt. So kann es auch einem Geistlichen gehen, der gewahr wird, daß biblischer Trost und Gebet in der Beziehung nicht richtig »stimmig« sind. Er begreift, daß auch diese »Programmpunkte« zu untauglichen, leeren Hülsen werden können, wenn im Verhältnis zum Patienten eine Störung entstanden ist.

Der Seelsorger tut gut daran, den in seiner Person liegenden Faktoren, die den Gesprächsverlauf im Krankenzimmer stark beeinflussen, vermehrte Aufmerksamkeit zu schenken. Hier vollzieht sich Lernen mit der Hoffnung, die Zahl der geglückten Beziehungen zu vermehren. Solches Lernen ist emotionales Lernen und erwächst aus erlebter, reflektierter Praxis. Werkzeugsammlungen können Aufgaben und Probleme handlich machen, und ihr Gebrauch gibt dem Seelsorger das Gefühl, professionell-helfend tätig zu sein. Aber sie gewährleisten noch nicht das Ereignis menschlicher Begegnung.

Diese kann nicht erzeugt werden, sondern sie entsteht, wenn sich zwei Menschen mit Leib, Seele und Geist berühren und einer im andern fühlt. Der Seelsorger soll vor allem zu erfahren suchen, was für Hindernisse bei solchem Mit-der-Seele-Verstehen in ihm selber vorhanden sein können. Es ist dabei wesentlich, die eigenen Reaktionen, Bedürfnisse, Ängste, Stärken und Begrenzungen kennenzulernen und besser zu verstehen, um den unausweichlichen Störungen nicht mehr nur ausgeliefert zu sein. Man kann z.B. lernen, Gefühle zurückzuhalten, die sich als hindernd erwiesen haben, oder auch Gefühle freier fließen zu lassen, deren Ausdruck das gegenseitige Verstehen in der Beziehung vertieft.

Programme und Methoden, Fähigkeiten und Zielvorstellungen erweisen sich als letztlich zweitrangig gegenüber der Aufgabe der menschlichen Reifung des Seelsorgers. In einem bestimmten Sinn gilt, daß es eine der wichtigsten Lernerkenntnisse ist, daß es im Bereich der Seelsorgeausbildung nur wenig zu lernen gibt. Seelsorge, gerade im Krankenhaus, ist keine vom Subjektiven lösbare Mach-Technik, kein objektiv anwendbares Können, sondern ein Beziehungsgeschehen, in welchem bestimmte menschliche Grundkräfte mehr zählen als geübte Fertigkeiten. Solche Grundkräfte sind Liebe, Interesse, Mitgefühl, Zärtlichkeit, Standhaftigkeit. Darüber hinaus helfen uns folgende seelsorgerliche Grundgaben: Zuwendungsfähigkeit und Zurückhaltung, Wahrnehmungsfähigkeit und Einfühlung, Ausdrucksfähigkeit und Gespür für den Augenblick. Auch wenn sich der christliche Krankenhausseelsorger in geistlicher Funktion dem kranken Menschen zuwendet, ist doch sein eigentliches Talent seine Humanität.

In den Kursen der »Klinischen Seelsorgeausbildung« werden – wie auch in andern Ausbildungsarten – Wort-Protokolle von Seelsorgebesuchen besprochen. Dabei können sich die Teilnehmer selbst besser kennenlernen besonders hinsichtlich derjenigen Reaktionen, die sich ihnen »auf dem Weg zur Seele« immer wieder entgegenstellen. Einige Beispiele aus der Verbatim-Analyse mögen veranschaulichen, was über die Notwendigkeit des persönlichen Wachstums des Seelsorgers gesagt wurde. In allen folgenden Beispielen hat die angebotene Seelsorge ihr Ziel nicht erreichen können, und häufig ist eine innere Programmierung die Ursache.

a) *Der helfende Seelsorger:* Ein Patient wird im Lauf des Seelsorgegesprächs von einer starken Gefühlsbewegung ergriffen. Er windet sich unter der Bettdecke. Der Seelsorger ist von dem Gefühl des andern so stark mitbetroffen, daß er nicht mehr richtig zwischen sich und dem Patienten unterscheiden kann und nicht mehr wahrnimmt, was im andern wirklich vorgeht, etwas Seelisches oder Körperliches. Er bekommt Angst, vermutet starke Schmerzen beim Patienten, möchte sofort helfen und sagt: »Soll ich die Schwester rufen?« Ohne die Antwort abzuwarten, drückt er auf den Knopf. Es stellt sich dann heraus, daß die Schwester doch nicht gebraucht wird. Ihr Herbei-Eilen ist aber eine Störung im Gespräch. Gut, daß der Patient sich dann wieder beruhigt, seinen Faden wieder aufnehmen und weitersprechen kann.

b) *Der wissende Seelsorger:* Die Schwester hat einer schwerkranken jungen Patientin ungefragt die Mitteilung gemacht: Du mußt sterben! Der Vater der Patientin ist empört, entsetzt und voller Angst über die Mitteilung und wendet sich hilfesuchend an den Seelsorger. Dieser hört die Klage an und erwidert: »Ja, *so, wie* es die Nachtschwester gemacht hat, kann es wohl nicht richtig gewesen sein.« Mit diesem Satz stimmt er dem leidenden Vater auf der inhaltlichen Ebene seiner Beschwerde halbwegs zu, läßt ihn aber auf der Gefühlsebene allein. Der Mann fühlt sich im Stich gelassen und läuft zur Verwaltungsleitung weiter, um seine – eigentlich dem Tod geltende Verzweiflung dort abzuladen. Der Seelsorger hatte gelernt: Die Wahrheit am Krankenbett sollte gesagt werden. Warum ist er mit dem richtigen Wissen in der konkreten Situation doch hilflos gewesen?

c) *Der fröhliche Seelsorger:* Er hat ein unentwegt freundliches Lächeln im Gesicht und strahlt den Willen oder die natürliche Gabe aus, die Patienten mit Wärme und Herzlichkeit zu erfreuen. Einer Patientin fällt aber schon bei der Begrüßung auf, daß die Hand des Seelsorgers schweißfeucht ist. Sie meint instinktiv: »Ja, Sie haben einen schweren Beruf!« Darauf ist der Seelsorger nicht gefaßt. Ihm war nicht bewußt, welche Mühe ihn sein Auftreten kostete. Wie seiner Fassung beraubt, wird der Seelsorger unsicher und bricht den Besuch baldmöglichst ab. Die Pläne für dieses Zimmer kann er heute nicht ausführen.

d) *Der professionelle Seelsorger:* Er besucht eine sterbenskranke Frau in der Phase der Auflehnung und des Ärgers. Sie ringt schwer mit sich, und der Seelsorger findet keinen Zugang zu ihr. Plötzlich sagt sie:»Gehen Sie jetzt, Sie können mir doch nicht helfen, ich muß selber damit fertigwerden!« Der Seelsorger denkt, Seelsorge an Sterbenden ist doch mein ganz besonderes Aufgabengebiet, und er erwidert:»Da bin ich aber anderer Meinung, als Seelsorger kann ich Ihnen sehr wohl helfen!« Mit dieser um die Fähigkeit der Seelsorge streitenden Äußerung ist der Kontakt zur Patientin erst recht blockiert. Der Seelsorger sah auf der Denkebene die Seelsorge am Sterbebett in Frage gestellt, auf der Gefühlsebene aber auch seinen Selbstwert. Er reagiert gekränkt am Bett eines todkranken Menschen.

e) *Der konzentrierte Seelsorger:* Er besucht einen Patienten mit sehr vielen guten Vorsätzen. Er ist entschlossen, die Regeln der Gesprächsführung einzuhalten, den Patienten anzunehmen, nicht zu bedrängen, seine Gefühle zu spiegeln, Nähe zu vermitteln und weiterzuhelfen. Das Gespräch ist freundlich, bleibt aber angestrengt und etwas distanziert. Am Schluß verabschiedet sich der Patient mit den Worten:»Wie war doch Ihr Name? War es ›Herr Denker‹?« Der richtige Name des Seelsorgers lautete ganz ähnlich, der Patient hatte ihn falsch in Erinnerung, das aber nicht zufällig. Denn das war's wohl, was der Patient vom Seelsorger vor allem wahrnahm: daß er dachte.

f) *Der erobernde Seelsorger:* Er steht auf der Schwelle wie ein General und geht auf die Betten zu wie »ins Feld«, willens, sein Hilfsangebot den Menschen möglichst nahezubringen. Seine Zuwendung ist tief persönlich gemeint und von großem Ernst getragen. Am Bett einer schwerkranken Frau kommt es zu mehreren Gesprächen über Glaubenshoffnung. Die Patientin ist schon sehr schwach, und es wird ihr zuviel, als der Seelsorger sie immer neu nach ihrer Hoffnung fragt. Schließlich sagt sie:»Ich habe es Ihnen doch schon gesagt. Jetzt kann ich nicht mehr!« Der Seelsorger hatte helfen wollen und spürte nicht, daß er sein Gegenüber bedrängte. Erst im Nachgespräch wird ihm bewußt, daß er nicht liebevoll mit der Frau umgegangen war.

Die beschriebenen Kontakte zeigen ausschnitthaft Störungsquellen in Seelsorgebeziehungen. Besonders zu beachten sind hier immer wieder Gefühlsreaktionen des Seelsorgers, die seine je verschiedene Absicht durchkreuzen, bzw. genau umgekehrt Programmierungen, die die natürlichen Gefühlsreaktionen des Seelsorgers behindern. Bei a) trübt die zu starke Mitbetroffenheit des Seelsorgers seine Wahrnehmungs- und damit auch Hilfsfähigkeit. Im Beispiel b) verhindert das Fixiertsein auf richtiges Wissen wirkliche Mitbetroffenheit. Der Seelsorger von c) hat seine Angst verdrängt und wird damit konfrontiert, seiner eingeübten Kunst zu lächeln beraubt. Bei d) ist das gute Programm die eine Sache, die Unfähigkeit des Seelsorgers, sich anzunehmen, wenn er (d.h. hier genauer: die Rolle, nicht die Person!) nicht angenommen wird, aber die andere. Im Beispiel e) arbeitet einer zu angestrengt und verliert dabei seine Ganzheit, die ja auch den Gefühlsausdruck mit umfaßt. Der Seelsorger von e) schließlich verliert in dem Wunsch, nahe zu sein und helfen zu wollen, das Gespür für die nötige Distanz.

Wie *Pläne* und *Gefühle* sich gegenseitig in den Weg geraten können und dann den Seelsorger bei der Erreichung seiner Ziele behindern, das sei jetzt noch an einem ausgeführten und gedeuteten Besuchsprotokoll dargestellt:

»Ich möchte wissen, woher die Hemmung in diesem Zimmer kam«

Protokoll zweier Besuche in einem Dreier-Zimmer

Diese Besuche wurden vom Seelsorger (30 J.) als beklemmend, bedrückend und sehr schwierig empfunden.

Fr.A. (40 J.), Fr.B. (23 J.) und Frl.C. (18 J.) sind schon einige Zeit im Krankenhaus, als der Seelsorger sie zum ersten Mal besucht. Vor dem Besuch geht er ins Dienstzimmer und fragt, was das für Patientinnen sind. Er sagt dazu: »Das war ungeschickt, weil ich eigentlich nur etwas über Alter und Art der Frauen wissen wollte. Stattdessen erhielt ich die Auskunft: ›*Die haben vermutlich alle MS.*‹« Der Seelsorger äußert dann, daß er mit folgenden Plänen in das Zimmer gegangen sei: 1. Ich muß schauen, daß ich nicht verrate, was ich weiß; ich will sehen, daß ich rausbringe, was die Patientinnen schon über ihre Krankheit wissen. 2. Ich möchte mich als Seelsorger anbieten und warten, was von den Kranken kommt, wenn ich komme.

1. Besuch:

Seelsorger: Grüß Gott, ich heiße ... und bin Pfarrer auf der Station. Störe ich gerade?
(Die Damen wehren ab; der Seelsorger gibt reihum die Hand und nimmt auf einem Stuhl Platz, von wo er alle sehen kann)
Seelsorger (zu Fr. A.): Wie geht es Ihnen?
Fr. A.: Wie soll's uns schon gehen, drei jungen Frauen? Ich bin jetzt bald 14 Tage hier drin. Wir wollen heim.
Seelsorger: Das kann ich mir vorstellen.
Fr. A. (deutet zu Fr. B.): Die da hat grad vor 14 Tagen geheiratet.
Seelsorger: Oh je, das haben Sie sich sicher auch ein wenig anders vorgestellt.
Fr. B.: Ja, freilich.
Seelsorger: Was haben Sie für Beschwerden?
Fr. B.: Meine ganze linke Seite ist taub und pelzig.
Seelsorger: Wie werden Sie denn behandelt?
Fr. B.: Ich muß liegen und kriege diese Einläufe da.
Fr. A.: Wissen Sie, wir haben alle so ungefähr das gleiche. Nervenentzündung, sagen sie.
Fr. B.: Sagen sie!
Seelsorger: Hat die Behandlung schon Erfolg gebracht?
Fr. B.: Spüren tu ich noch nicht viel. (Schweigen)
Seelsorger (zu Frl. C.): Sie sind noch jung? Gehen Sie noch zur Schule?
Frl. C.: Ja, ich gehe in die 12. Klasse.
(Man redet ein paar Worte über Schule, versäumten Unterricht etc., dann wieder Schweigen; eine bedrückende Atmosphäre ist im Raum)
Seelsorger: Was ist mit Ihnen? Sie scheinen mir alle drei heute nicht gut drauf zu sein.
Fr. A.: Das kann man wohl sagen. Was soll man auch machen? Hier rumsitzen?!
Seelsorger: Haben Sie Geschäft und Familie daheim, die auf Sie warten?
Fr. A.: Ja, Geschäft und Familie, freilich. Aber meine Familie meistert ihre Sache auch ohne mich ganz gut. (Schweigen)
Seelsorger: Sind Sie auch berufstätig, Frau B.?

Fr.B.: Ja, bis jetzt schon. (Schweigen)
(Der Seelsorger ringt um neue Gesprächsfäden; er sieht eine Kunstpostkarte über Frl. C.s Bett: Holzplastik, große Hand, ein Kind bergend)
Seelsorger (zu Frl.C.): Was ist das für eine Karte? Darf ich mal?
Frl.C.: Die hat mir mein Klassenlehrer geschickt! Sie können sie ruhig umdrehen. Die gefällt mir ganz arg.
Seelsorger: Schön, sehr schön.
(Er ist erstaunt und gleichzeitig ein bißchen verärgert. Er denkt: Der Klassenlehrer ist doch viel näher dran als ich.)
(Schweigen. Der Seelsorger sucht eine Abgangsmöglichkeit)
Seelsorger: Also, dann möchte ich mich von Ihnen verabschieden. Ich wünsche Ihnen alles Gute. Ich guck ein andermal wieder herein, wenn's recht ist.
Alle drei (recht lebhaft und nett): Auf Wiedersehen! Einen schönen Abend.
(Der Seelsorger empfindet die Situation als schwierig und verklemmt und geht eine Woche nicht mehr zu diesen Patientinnen. Er trifft Fr.B. zufällig auf dem Gang. Sie grüßt dabei freundlich. Er faßt sich ein »großes Herz« und geht noch einmal hin.)

2. Besuch:

Fr.B.: Ah, Herr Pfarrer, Grüß Gott!
(Händeschütteln und Begrüßung. Frau A. ist entlassen, neu ist Frau D. Der Seelsorger denkt: Ein neues Gesicht – ein neues Klima, und schöpft Hoffnung)
Seelsorger (zu Fr.D.): Wie lange sind Sie schon da, Frau D.?
Fr.D.: Seit Montag.
Seelsorger: Was fehlt Ihnen?
Fr.D.: Ohhh, mein Kopf!! (Der Seelsorger nimmt wahr, daß Frau D. wohl noch schlechter dran ist als ihre Kolleginnen, er vermutet Hirntumor. Frau D. sinkt müde zurück)
Seelsorger (zu den andern): Wie geht's?
Frl.C.: Ach ja, mit sechs Wochen werden wir schon rechnen müssen.
(strickt gelassen vor sich hin)
Seelsorger: Und die Schule? Klappt das mit dem Anschluß?

Frl.C.: Ja, ich denk schon. Mein Klassenlehrer hat gesagt, das geht. Die Klasse will unter Umständen einen Hauslehrer bezahlen.

Seelsorger (zu Fr.B.): Und, was macht der Arm?

Fr.B.: Immer gleich. Ich krieg jetzt die Evers-Diät.

Seelsorger: Könnten Sie auch stricken wie Frl.C.? Oder ist das nicht Ihr Hobby?

Fr.B.: Zur Zeit nicht. Mir würden die Nadeln aus der Hand fallen. Schön wär das freilich, schöner jedenfalls als den ganzen Abend an die Decke starren. Da kommt man doch bloß ins Grübeln.

Seelsorger: Arbeiten Sie eigentlich noch?

Fr.B.: Ja. Ich bin Hauswirtschafterin im Krankenhaus X. (Sie lächelt) Wenn erst mal was Kleines kommt, muß ich freilich daheimbleiben.

Seelsorger: Ja, sonst wäre es sicher zuviel.

Fr.B.: Vorerst wär ich schon mal froh, wenn ich wieder meine Hand richtig benützen könnte.

(Schweigen. – Der Seelsorger wendet sich wieder Fr.D. zu, aber diese versteht ihn nicht und scheint ruhebedürftig. Die beiden jungen Frauen versinken wieder in Strick-Illustrierten. Der Seelsorger verabschiedet sich bald und geht.)

Interpretation:

Der Seelsorger brachte sein Besuchs-Protokoll mit folgender Frage in die Fall-Besprechungs-Gruppe:»Ich möchte wissen, woher die Hemmung in diesem Zimmer kam. Da war so eine bedrückte, lähmende Stimmung, die alle meine Anknüpfungsversuche ins Leere laufen ließ. Ich dachte: Wie überleb ich da?, und fühlte mich ganz ohnmächtig.« Als das Protokoll gelesen war, »erinnerte« sich der Seelsorger noch an ein anderes Gefühl und sagte:»Diese Patientinnen sind ja viel zu jung, mein Alter, das kann ich nicht verkraften. MS – diese schreckliche Diagnose, gleich dreimal und bei so netten, kräftigen Frauen, das ist doch viel zu viel!« Sicher hat das jetzt erinnerte Gefühl den Seelsorger so bewegt, daß es ihn genauso wie jene erste Frage veranlaßte, mit dem Gespräch die Hilfe der Gruppe zu suchen. Die Frage ist dann aber: Warum ist ihm das Gefühl »viel zu viel« erst nachträglich bewußt geworden? Hat er nicht gewußt, was die (mutmaßliche) Diagnose Multiple Sklerose ihm selber ausmachte, als er das Krankenzimmer betrat? Und gibt es vielleicht einen inneren Zusammenhang zwischen der großen Hemmung und der erst später erinnerten Betroffenheit und Belastung des Seelsorgers?

Von der Psychologie her kennen wir den menschlichen Mechanismus, emotionale Betroffenheit zu neutralisieren, die Verlagerung in den Intellekt. Der Verstand ist in der Lage, »expreß« »wegzudrücken«, was der Seele vielleicht zu viel ist. Wahrscheinlich spielt dieser Helfer bei Männern eine noch größere Rolle als bei Frauen. In unserem Beispiel kann man die Intellektualisierung des Gefühls daran erkennen, daß der Seelsorger vom Kopf her angestrengt bemüht ist, in Kontakt mit den Patientinnen zu kommen, sich aber schwertut, mit dem emotionalen Bereich zurechtzukommen. Man wird es so sehen müssen: Der Seelsorger hat jene Hemmung selbst mitverursacht, weil er seine eigene Betroffenheit zugunsten eines seelsorgerlichen Plans weggedrängt hat. Freilich läßt sich der Gefühlsbereich nicht einfach abschalten oder kaltstellen. Das wegrationalisierte Gefühl kommt auf allerlei Weise zurück und dirigiert das Geschehen weiter mit – für den handelnden Menschen allerdings unbewußt. Die doch noch wirkende Betroffenheit des Seelsorgers kommt zum Ausdruck z.b. in den etwas distanzierten, auf den äußerlichen Bereich beschränkten Fragen oder in dem saloppen Spruch: »Sie scheinen mir alle drei heute nicht gut drauf zu sein«, oder in seiner Sehnsucht nach dem Bild mit dem in einer Hand geborgenen Kind, die er dann aber doch nur mit den allgemeinen Worten »schön, sehr schön« aussagen kann.

Was wäre gewesen, hätte der Seelsorger die Angst und das Erschrecken über MS gleich in sich zulassen können, nachdem die Schwester ihn informiert hatte? Vielleicht wäre er dann zu dem Entschluß gekommen, den Besuch im Dreier-Zimmer lieber nicht zu machen oder sich Zeit zu nehmen, um sich darauf vorzubereiten. Es kann sein, daß er den Schrecken über die Nachricht für einen Moment sehr wohl empfunden hat, dann aber die Bedenken und die Furcht überwand, weil er ein anderes Gefühl stärker empfand: Wo Not ist, darf ich nicht fehlen! Also ist er hingegangen.

Unterwegs entstand »expreß« der Plan: Ich muß schauen, daß ich nicht verrate, was ich weiß; ich will sehen, daß ich herausbringe, was die Patientinnen schon wissen. Dieser an sich vernünftige Plan hat doch eine anti-seelsorgerliche Rückseite: Er hilft dem Seelsorger, die Frage zu überspringen, was er den Patientinnen seelsorgerlich sein bzw. geben kann. Zwar kann als grundsätzliche Zielsetzung Beistand, Teilnahme und Einfühlung vorausgesetzt werden, hier wie in allen Fällen – aber wie geht es dann dem Seelsorger mit dieser Zielsetzung? Sie ist außerordentlich schwer zu realisieren! Denn der Plan, sich an die Krankheit heranzutasten, ohne zu sehr mit ihr in Berührung zu kommen, läuft dagegen. Der Seelsorger muß ja sein Mitgefühl bedeckt halten und so tun, als müßten die Patientinnen eigentlich alle »gut drauf« sein. Verständlich, daß im Zimmer Hemmung entsteht.

Auch der andere Plan, den der Seelsorger in der Einleitung angab, nämlich daß er im Krankenzimmer warten wollte auf das, »was kommt, wenn er kommt«, kann mißraten, wenn der Seelsorger sich nicht darauf einstellt, was in solchem Fall tatsächlich kommen kann, und wie es ihm selber dann damit geht. Der Seelsorger hat nicht damit gerechnet, daß Beklemmung und Lähmung, Schweigen und Trauer auf ihn zukommen würde. Er konnte nicht verstehen, woher die Hemmung kam.

Wie haben die Frauen den Besuch erlebt? Allem Anschein nach so: Mit dem Kommen des Seelsorgers trat das Schwere ihrer Krankheit noch bedrückender auf sie zu. Durch die erahnte Diagnose schon genug belastet, erleben sie in der Figur des Seelsorgers verstärkt das dunkle Gesicht ihres Schicksals. So entsteht bedrücktes Schweigen. Es ist möglich, daß das Verstummen der Patientinnen auch noch mit einem eigenen Verdrängungsvorgang bei ihnen zu tun hat. Sie können die Wahrheit in sich selber noch nicht zulassen und über ihre Ängste noch nicht sprechen.

Der Seelsorger ist in auswegloser Lage: Es ist ihm selber so schwer – warum machen es ihm die Frauen noch schwerer, das Gespräch zu führen? Er beneidet den Klassenlehrer von Frl. C.: »Der ist viel näher dran als ich.« Wie kann er denn näher dran kommen – hier das eigene zum Schweigen verurteilte Gefühl, dort die unsagbare Belastung der Frauen? Weil der Seelsorger sein Gefühl »vergessen« hat, ist ihm die Beklemmung und das Widerständige der Situation unverständlich. Er muß die Beratung der Gruppe benützen, um herauszufinden, woher die Hemmung kam. Resultat: Der Plan hat das Gefühl verdrängt – aber das verdrängte Gefühl ließ dann auch den Plan nicht gelingen. Der Seelsorger muß die eigene Gefühlsreaktion als Faktor bei der Seelsorge ernster nehmen. Sie ist allem Denken, Planen und Programmieren letztlich übergeordnet. Der Besuch in jenem Krankenzimmer war für diesen (und wohl für jeden) Seelsorger wirklich »viel zu viel«.

Die Beispiele zeigen, daß die Praxis unserer Seelsorge mindestens so stark von innerpersönlichen Kräften geprägt wird wie von eingeübten Fähigkeiten und Programmen. Programme nützen, wenn sie auch dazu beitragen, gewissen Ängsten oder Triebbedürfnissen des Seelsorgers entgegenzusteuern, die den Kontakt zum Patienten beeinträchtigen. Programme schaden, wenn sie als Schild benützt werden, hinter dem der Seelsorger sich verbergen kann, oder wenn sie zum Ersatz für eine seelsorgerliche Identität gemacht werden, die nicht abstrakt oder von der Seele des Seelsorgers losgelöst gewonnen werden kann. Seelsorgeausbildung ist deshalb ebenso intensiv praktisch wie theoretisch und bezieht ebenso sehr die Person des Seelsorgers ein wie die Aufgabe der Seelsorge an Kranken. Seelsorgeausbildung geschieht als praxisnahe Begleitung der laufenden Arbeit und hat in Bezug auf die Klienten eine pastoralpsychologische und in Bezug auf den Seelsorger eine therapeutische Dimension.
Oft zeigt sich, daß Deprogrammieren und Verlernen eines der ersten Lernziele sein kann und sein muß. Häufig könnte der erste Reifungsschritt des Seelsorgers unter dem Leitwort stehen: Sein statt machen, fühlen statt arbeiten, begleiten statt helfen, Beziehung statt Programm!
Wir sind und bleiben Amateure, Liebhaber, und unsre Kunst ist nichts, was nicht (fast) jeder könnte, der ein unverbildeter Mensch ist. Ehrgeizige Professionalisierung bringt in unserem Beruf nicht viel. Viel Lesen, Lernen und Reflektieren hilft weiter, wenn es uns sensibler macht für uns selbst und für den andern, nicht aber, wenn es die kognitive gegenüber der emotionalen Seite übergroß verstärkt.
Die Grundaufgabe heißt Lieben und Zuhören und Herausfühlen, wie es dem andern geht, und ob und wie er das Angebot unsres Besuchs brauchen kann. Wir benötigen dazu ein waches Auge und spürsames

Ohr, ein Herz, das sich verlieren und mitleiden, aber auch zurücknehmen kann, ein Gemüt, das uns hilft, daß wir uns trotz Passivität
nicht ohnmächtig fühlen, und eine Seele, die vertraut, daß Gott in,
mit und unter dem Besuch anwesend sein kann, der doch in Jesus
unsre Krankheit auf sich nahm.

2. Die Eingangsphase beachten

a) Beim Betreten des Zimmers

Es scheint nicht der Rede wert und verdient doch Beachtung: an der
Schwelle fallen – bewußte und unbewußte – Vorentscheidungen.
Wie werden wir uns vorstellen und einführen? Zu welchem Patienten werden wir als erstes gehen? Wo werden wir im Zimmer stehen?
Oder wie werden wir sitzen? In unserem Verhalten am Eingang und
in unseren ersten Worten drückt sich vieles aus, was auch später von
Bedeutung ist. In der Selbstvorstellung kommt unser Selbstverständnis als Seelsorger zum Ausdruck, in der Körpersprache unsere
persönliche Eigenart bei Kontaktaufnahmen, in der Bewegung zwischen den Betten etwas von unserer Grundstruktur in Bezug auf die
Zuwendung zu Menschen. Wenn wir ein Zimmer betreten, schaffen
wir auf je unsere Art die Voraussetzungen dafür, daß ein Besuchsge-
spräch in Gang kommen kann. Darum ist es aufschlußreich, zu sehen, wie wir anfangen und einsteigen, und hilfreich, unsre ersten
Worte und Aktionen im Zimmer selbst zu betrachten.
Es ist niemals einfach, fremde Kranke zu besuchen, und mit einem
Angebot, welches sich erst in der Situation selbst bewährt, in immer
neu unbekannte Situationen hineinzugehen. Jede Tür fällt schwer.
Anklopfen, warten, eintreten, nicht wissen, wer im Zimmer sein
wird. Nicht wissen, ob man Freude macht oder lästig sein wird, ob
man den Arzt trifft oder die Schwester behindert, ob man die Kran-
ken wohlauf findet oder in großen Schmerzen. Schon an der Tür weiß
man, daß vieles den Kontakt zum Patienten beeinträchtigen kann.
Wenn man der siebte Besucher ist an diesem Tag; wenn viele Patienten beieinander liegen; wenn ein Fernseher läuft; wenn jemand die
Bettschüssel braucht.
Wie gehen wir mit solchen Unsicherheiten um? Wie wirken sich un-

sere Ängste, zu stören, nicht gebraucht oder abgelehnt zu werden, auf unser Anklopfen aus? Wie spielt unser Bedürfnis, angenommen zu werden, in die Begrüßungsworte hinein, die wir sprechen? Was ändert vielleicht unsre Angst vor schwerer Krankheit und Tod an unserem Auftreten? Beim einen wirkt sich die Unsicherheit der Schwelle so aus, daß er professionell und aktivistisch ein- und auftritt, beim andern so, daß er zurückhaltend und zaghaft auf die Patienten zugeht. Der eine kommt sehr pastoral daher, der andere sehr mitmenschlich, der eine verbindlich-jovial, der andre einsilbig, der eine bedeckt, der andre beherzt. Immer läßt sich an der Art des Klopfens, an der Stärke der Stimme, an der Weise, wie die Ängste der Schwelle in Angriff genommen werden, etwas davon ablesen, wie es nachher weitergeht.

Zur Vorstellung: Sagen wir zuerst unseren Namen, dann die Tätigkeit (dann wollen wir vielleicht den Beruf zweitrangig machen)? Oder zuerst den Beruf, danach den Namen (dann brauchen wir vielleicht das Amt als Schutz der Person)? Lassen wir entweder Beruf oder Namen ganz weg (dann haben wir mit uns selbst oder dem Amt große Schwierigkeiten)? Wie heißt der zweite Satz? »Ich möchte Sie besuchen«, »darf ich sie besuchen?«, »Ich möchte gern nach Ihnen schauen« oder »Ich möchte gern ein wenig mit Ihnen reden«? Oder lassen wir diesen Einleitungssatz vielleicht ganz weg? Dann würden wir allerdings den Patienten die Möglichkeit nehmen, sich auf uns einzustellen. Auch in dem zweiten Satz, den wir sagen, deutet sich etwas von uns selbst an. Es gibt selbstbewußte Personen, die einfach da sind, und ängstliche Seelsorger, die schon an der Tür spüren lassen, daß sie vielleicht lieber nicht gekommen wären.

Wie gehen wir nun auf den Patienten zu? Geben wir ihm die Hand? Manche vermeiden jede körperliche Berührung und begründen es mit der Hygiene. Andere sind zu Handkontakt und mehr bereit und nennen dafür wichtige seelsorgerliche Gründe. Die Hand sagt: »Ich will zu dir« oder »ich brauche vorläufig Distanz«. Der Händedruck sagt: »Ich will dir nahe sein, aber nicht zu sehr« oder »ich brauche dich«; »ich werde dich lassen« oder »ich ergreife dich«. Die Hand schlägt eine Brücke und redet auch später mit: in der Gestik des Gesprächs, des Gebets, des Segens.

Bleiben wir stehen oder wollen wir einen Stuhl nehmen? Lassen wir uns zum Sitzen einladen oder nehmen wir ungefragt Platz neben dem Bett? Was verrät unsre Stimme, Schulterhaltung, Rückenneigung, was drücken unsre Augen aus und unser Atem? Körpersprachliche Elemente spielen bei uns eine Rolle so wie beim Patienten, und auch für uns gilt: Worte können lügen, der Körper nie. Er sagt etwas über unser Befinden, Interesse, Gemüt, über unsre An- oder Abwesenheit, über persönlich-berufliches Einssein und über unseren Glauben.

Beim Betreten des Zimmers offenbaren wir etwas von dem, wie wir mit unserer Aufgabe umgehen und zurechtkommen. Für das *Lernen* des Seelsorgers kann es hilfreich sein, ab und zu auf der Schwelle innezuhalten und sich zu fragen, was jetzt gerade in ihm vorgeht, was für Pläne er hat, und was er im Begriff ist zu tun. Es kann uns weiterbringen, uns selbst dabei zuzuschauen, wie wir am Anfang des Besuchs vorgehen. Das, was sich auf der Schwelle ereignet, kann ein wichtiger Schlüssel zur Selbsterfahrung des Seelsorgers werden.

b) Die Projektion des Patienten als Brücke zu ihm

Hier sollen die früher in diesem Buch gemachten Äußerungen vertieft und an einem Beispiel erläutert werden. Wir haben folgende Ansicht geäußert: Ohne Übertragung ist keine seelsorgliche Beziehung möglich, ohne Projektion der inneren Erfahrung auf den Seelsorger kein Gespräch über die Lebens- und Glaubenssituation des Patienten. Was ist damit gemeint?

Krankenhausseelsorger machen Erfahrungen mit der Reaktion der Menschen auf den Besucher in geistlichem Beruf. Sie können beobachten, daß die Menschen nicht nur ihre Kirchenbeziehung übertragen oder entsprechend ihrer religiösen Aufgeschlossenheit reagieren, sondern sehr häufig etwas von ihrer gegenwärtigen Lage auf den Besucher bzw. Besuch projizieren, insofern als sie in diesem Moment deutlich sehen und unmittelbar sagen können, was mit ihnen ist. Der geistliche Grund dieses Phänomens mag in der Suchbewegung des Be-suchs oder in dem Seh-Ereignis der Vi-site liegen. Jesus betont die Bedeutung des bloßen Hingehens für den Patienten: »Ich bin krank gewesen, und ihr habt mich besucht«. Das seelsorgliche Schauen nach jemand ist nicht nur eine diakonische Tat, sondern eine Hinwendung zum Kranken, bei der dieser sich selber besser sehen kann, ist ein Hineingehen zu ihm, bei welchem er selbst besser in sich hineingehen kann. Diese Bewegung tut dem Kranken wohl, denn sie geschieht in Gegenwart eines besorgten Freundes, der den Kranken liebevoll anzunehmen versucht, und dem der Kranke vertraut, weil er in geistlichem Beruf kommt.

Was geschieht bei dem Ereignis der Projektion? Häufig erleben wir das Folgende: Schlaglichtartig taucht, wenn wir kommen, im Patienten ein inneres Lebensbild auf. Wie in einem Spiegel sieht er seine Lage, sich selbst unverhofft deutlicher, wenn wir eintreten. Wie auf einer Projektionswand erscheint ihm sein Zustand und Dasein »in Übersicht«, wenn wir erscheinen. Wenn wir Besuch machen, tritt etwas von der Gottesbeziehung des Patienten auf ihn zu, bzw. sie »fällt ihm ein«. Er sieht uns, aber nicht uns, sondern sich selbst bzw. sein Schicksal, seinen Stand zwischen Leben und Tod, Welt und Gott, seine Geworfenheit oder Bewahrung, sein Glück oder sein Leid, seinen Glauben oder seinen Zweifel. Durch unsere Zuwendung zu ihm wird ihm deshalb eine Ortsbestimmung in seiner Biographie möglich, eine tiefere Verarbeitung persönlicher Erlebnisse, eine fällige Verdeutlichung seine Gottesbeziehung.

Wir können aus der Erfahrung zu Beginn unseres Besuchs folgern: Das Projektionsereignis ist eine wichtige Eingangsbrücke für das seelsorgerliche Gespräch, ja sogar seine Grundlage. (Oft ist es natürlich auch der Grund, warum das Gespräch erschwert oder verunmöglicht wird.) »Übertragung« und »Projektion« kann dies Ereignis genannt werden, weil es durch uns, durch unser Eintreten in die Krankenstube hervorgerufen wird. Allerdings sind die Begriffe Übertragung und Projektion auch wieder fragwürdig, weil sich jenes Ereignis wohl weniger auf den Besuchenden als auf das (geistliche) Besucht-Werden als solches bezieht. Wir können immer wieder spüren: Was da geschieht, hat nichts mit uns als Person zu tun und auch nicht sehr viel mit unserer geplanten Arbeit. Eigentümlich abgelöst von dem, was wir von unserer Aufgabe her auf den Patienten zubringen könnten, hat jenes Ereignis zunächst ganz mit ihm selbst zu tun. So gebraucht der Patient uns denn auch in der Zeit, in der die Projektion wirksam ist, hauptsächlich als eine unpersönliche Ich-Verkörperung, als Reflektor seiner Erfahrungen und seines Lebens-Loses, als schemenhaften Partner für sein Gespräch mit Gott. In dieser Zeit sind wir ihm ein flächenhaftes, jedoch geheimnisvoll heilsames Gegenüber – phänomenologisch vergleichbar mit dem »incognito« mitgehenden

Jesus in der Emmaus-Geschichte. Wir treten erst dann als individu-
ell-konkreter Besuch aus dem Dunkel, wenn der Patient soweit ist,
wenn er, nach einer guten Wegstrecke mit uns, aufblickt, »uns« zum
ersten Mal sieht und sich nun auch für unsere Person interessiert.
Nun ist der wesentliche Teil des Seelsorgegesprächs, die innere Begegnung, aber wohl schon vorüber – vergleichbar mit dem Weg-Sein
Jesu im Gasthaus von Emmaus, wo die Männer wieder »unter sich«
sind.

Wir können nicht davon ausgehen, daß jeder unsrer Besuche durch
solch ein wahrnehmbares Projektionsgeschehen gekennzeichnet ist,
sollten aber innerlich bereit sein, den Übertragungen des Patienten
in der beschriebenen Weise zu Diensten zu sein, und das heißt auch
bereit, uns selbst zurückzunehmen, zu spüren und zu warten auf das,
was kommt, wenn wir kommen.

Ein Beispiel mag zeigen, wie die Übertragung einmal zu einem hefti-
gen Gebrauchtwerden des Seelsorgers führt, ein andermal zu seiner
Ablehnung – und zwar beim gleichen Patienten.

Ein *Segelflieger*, aus großer Höhe abgestürzt, durch Waldbäume
aufgefangen und gerettet, liegt mit Becken- und Rippenbrüchen
in einem Krankenhaus fern seiner Heimat. Beim Erscheinen des
Seelsorgers spontan heftige Tränen. Der Kranke möchte die Hand
des Seelsorgers halten. Er ist tief erschüttert über seinen Unfall
und die wunderbare Rettung, kann nicht fassen, wie alles geschehen ist, und ringt immer wieder um Einsicht in die Ursachen und
den Hergang von Sturz, Aufprall und Bergung. Einen Schock zu
haben, verneint er, betont dagegen immer wieder, er weine, weil
er eine »andre Hand« gespürt habe, die Liebe und den Schutz Gottes. Obwohl er sonst nicht fromm sei, sei er sicher, daß Gott ihm
durch dieses Ereignis etwas Wichtiges habe sagen wollen. Die Erschütterung des Patienten ist fühlbar seelischen, nicht nervlichen
Ursprungs. Der Seelsorger kann sich nicht in das extreme Wider-
fahrnis des Patienten hineinversetzen. Weil er aber spürt, daß der
Patient seinen Besuch braucht, um die traumatische Erfahrung
von Unglück und Gerade-noch-Überleben zu bewältigen, bleibt
er bei ihm lange Zeit. Er steht dem Patienten in behutsamer Weise
bei, daß er ausdrücken kann, was ihn bewegt. So hilft der Seelsorger dem Verunglückten an entscheidender Stelle weiter – und die

Hilfe wird hervorgebracht und ermöglicht in erster Linie durch die Symbolik des Besuches für die Seele des Patienten, die sich im Gespräch spontan öffnen kann.

Eine Woche später – der Patient hat sich bereits soweit erholt, daß er aufstehen kann – schlägt dem Seelsorger gleich bei der Begrüßung eine andre, ablehnende Übertragung entgegen. Die negative Gestimmtheit des Kranken gegenüber dem Seelsorger ist so stark, daß dieser sie nur mit größer Anstrengung und viel Geschick hätte überwinden können. Er merkt, daß er die Kraft dazu nicht aufbringt. So heftig positiv der Patient auf den ersten Besuch reagiert hatte, so deutlich ablehnend komplimentiert er den Seelsorger nun hinaus, indem er sagt: »Es gibt sicher noch andre Kranke, die Sie jetzt mehr brauchen«. Der Seelsorger erkennt die Änderung in der seelischen Lage des Patienten. Er vermutet, daß dieser nach der vehementen Bewegung seiner aufgerissenen Seele jetzt zu seiner Stabilisierung eine Abschirmung nötig hat – oder daß der Seelsorger ihn beim zweiten Besuch erneut stark an die in ihm jetzt allmählich zurückgetretene Todesangst erinnert. Es ist nicht leicht für den Seelsorger, mit dem Umschwung der Stimmung zurechtzukommen, denn er hat ja auch seine Übertragungen, und der erste Besuch hatte ihn menschlich mit dem Patienten sehr verbunden. Weil er aber begreift, daß weder beim ersten noch beim zweiten Besuch die Reaktion des Patienten mit ihm persönlich zu tun hat, kann er mit der Ablehnung fertigwerden. Er möchte unbedingt respektieren, was dem Patienten jetzt wichtig ist und was nicht, er wendet sich anderen Kranken zu.

Aus solchen und ähnlichen Erfahrungen möchten wir den Schluß ziehen: Den Stoff, aus dem unser Dienst sich aufbaut, finden wir Seelsorger hauptsächlich hier – im Material und Gefühl, das die Eingangsprojektion darbietet. Eine wesentliche seelsorgerliche Arbeit liegt dann darin, ein unpersönlicher, aber sehr menschlicher, mitgehender Begleiter zu sein für das Gespräch des Patienten mit sich selbst, seinem Schicksal, seinem Gott. Darin, daß wir der inneren Bewegung des Patienten folgen, ihr standhalten und unsere Person für eine Weile zurücknehmen, erfüllen wir einen wichtigen Teil unseres Auftrags.

Manchmal fällt uns diese Selbst-Zurücknahme sehr schwer. Wir fühlen uns beim Besuch wie ein Niemand oder wie ausgesaugt vom Gegenüber, der jetzt nur sich sieht, oder wie inaktiv, weil wir nichts Eigenes tun können. In Wirklichkeit sind wir aber gar nicht »niemand«, sondern – zumindest als Gestalt – sehr viel Wichtiges: Boten des Lebens, freilich auch der Vergänglichkeit; Diener der Liebe Gottes und der Geborgenheit in ihm; Mittler von Mut und Trost in zeiten der Angst; Abbild der Autorität, die aufrichtet und Menschen sich neu ausrichten läßt; Hinweis auf ein Heilsein und Ganzsein jenseits der Krankheit; Vorschein der neuen Schöpfung, die der Glaube erhofft. In Wirklichkeit sind wir auch während des Gesprächs des Patienten »mit sich selbst« keinen Augenblick inaktiv. Wir haben freimütige Initiative ergriffen, als wir kamen (in-ire); wir bedeuteten dem Patienten, daß wir »dazwischen-sein« wollten, wo er leidet (inter-esse); wir konzentrieren und fokussieren das Gespräch und helfen dem Patienten auf seinem Weg mit sich selbst als mitgehende, mitfühlende Gesprächspartner. Beides, die Selbst-Zurücknahme und die aufmerksame Hinwendung zum andern, ist anstrengende, aktive Arbeit, die einen erschöpft machen kann. Wir werden für unsere Mühe aber dadurch belohnt, daß wir spüren: es ist etwas Fruchtbares und Produktives, was in unseren Seelsorgegesprächen geschieht, und die Patienten können uns brauchen.

Ich glaube, wir dürfen davon ausgehen, daß der Dienst an den Projektionsvorgaben (an dem, »was kommt, wenn wir kommen«) auch unsere *pastorale Identität* begründet. Nicht Surrogate wie psychologische Beratung, Mission[36], Mitmenschlichkeit sind die Stifter unserer seelsorgerlichen Identität; sie konstituiert sich vielmehr als geistlicher Beistand im Eingehen auf das, wozu die Seele des Patienten uns ruft. Die Frage, wer wir sind, die viele Seelsorger verunsichert und in medizinische oder sozialarbeiterische Aktivitäten ausweichen läßt, wird vom Patienten beantwortet, dem wir folgen sollen, wenn er uns den Dienst zeigt, zu dem er uns aussieht. Unser Amt ist ein seelsorgerlich-religiöses, und unsere Aufgabe ist hauptsächlich die Hinwendung zur seelisch-religiösen Seite der Krankheitserfahrung. Ich

---

36 Hier wird nicht Verkündigung abgewehrt, sondern das Mißverständnis von Seelsorge als Bekehrungsarbeit. Seelsorge *ist* eine Form der Mission, aber – gerade im Krankenhaus – in erster Linie nicht als aktive Wortpredigt, sondern als in Beziehung inkarniertes Evangelium, als menschliche und geistliche Zuwendung zu den Kranken.

glaube, wenn es uns gelingt, die Projektionsbotschaften aufzunehmen und mit dem Patienten durchzusprechen, was ihn jetzt bewegt, wenn wir ihn besuchen, dann haben wir pastoral und mit dem Auftrag identisch an ihm gehandelt.

In diesem Abschnitt wurde noch einmal verdeutlicht, daß wir auf gutem Grund stehen, wenn wir die Aufgabe übernehmen, die uns vom Patienten am Anfang des Gesprächs »übertragen« werden. Für das *Lernen* des Seelsorgers folgt daraus: Es gilt, für die Reaktion des Patienten in der Eingangsphase besonders sensibel zu sein. Es ist wichtig, aus der Art der Übertragung auf den Seelsorger (von stark willkommend bis ganz abwehrend) das Mandat und aus den Botschaften des Gefühls und des Mundes das Material für den seelsorgerlichen Kontakt zu entnehmen. Es sollte uns als Regel gelten, nichts zu unternehmen, was über dieses Mandat hinausgeht: Kein Aufdecken oder Konfrontieren, kein Vertrösten oder Verändern, kein Ratgeben oder Führen des Patienten, wohin er nicht will, kein Bedecken des Patienten mit Gegenübertragungen des Seelsorgers. Vertrauen wir darauf, daß der Patient Segen und Heilung empfängt, wenn er uns so zu sich leitet, wie er es tut, und wenn wir uns von ihm leiten lassen.

3. Der Seele Zeit lassen

a) Zeit schenken und sich Zeit nehmen, um zu fühlen

Seelsorge ist das Geschehen, bei welchem einer einem andern seine Zeit zueigen gibt. Viele Hilfspersonen verbringen ihre Zeit im Dienst des Patienten. Der Seelsorger aber so, daß er nichts vom Patienten will, nichts bei ihm macht, sondern nur Zeit hat für ihn. »Nur« deutet auf wenig und viel – Ausschluß anderer Tätigkeiten und Hinwendung auf keinen andern als den Patienten; »Zeit haben« weist hin auf Absichtlosigkeit und Freiheit, auf Abwesenheit von Uhr und Agenda, auf Hinwendung zum Wesentlichen; »für ihn« heißt Zuwendung zum Menschen selbst, seiner Person, seinen inneren Bewegungen, zu allem, was er fühlt und erlebt. Ein Geschenk ist die seelsorgerliche Zeitgabe, weil es uns wohltut, wenn jemand für uns dasein will, uns anhört, aufnimmt, versteht und begleitet. Das gilt besonders dann, wenn solche Zuwendung unter religiösem Vorzeichen angeboten wird, als Zeichen der Zuwendung und Liebe Gottes. In Zeiten der Krise und Grenzerfahrung sind wir dafür dankbar, denn hinter Gespräch und Besuch spüren wir den Herrn, in dessen Händen unser Leben und unsere Zeit stehen.

Damit die Gabe der Seelsorge zum Empfänger kommen kann, ist es die Aufgabe des Seelsorgers, seine Zeit zu nützen, das heißt nun vorrangig, um zu fühlen. Zu fühlen, wer der andre ist, wie es ihm geht, was für ihn innerlich an der Zeit ist, wie er uns brauchen kann, und was wir ihm eventuell geben können. Solche Einfühlung ist die Grundtätigkeit der Seelsorge. Sie geschieht mit den Sinnesorganen und mit der Seele und mit dem Geist, die sich im Vollzug der Seelsorgebeziehung mit Sprache verbinden. Sprache ist ganz wesentlich, denn im Aussprechen seiner Gefühle erfährt der Patient Beistand und Stärkung. Damit er sie sagen kann, bedarf es der Aufmerksamkeit des Seelsorgers, welcher wiedergibt, was vom Patienten her an Gefühl zu ihm herüberkommt. Aus dem Wahrnehmen, Empfangen und Zurückreflektieren der Gefühle des Patienten entsteht die Bewegung des seelsorgerlichen Gesprächs.

Jeder Seelsorger bejaht diese Beschreibung von Seelsorge und weiß doch gleichzeitig, daß im Zusammenhang mit der »Zeit zum Fühlen« in der Praxis die häufigsten Schwierigkeiten entstehen. Sehr oft wollen wir zu rasch am Patienten »dran« sein und nehmen uns nicht genug Zeit und Ruhe, um in uns wirken zu lassen, was wir erleben. Zeitnot und Erfolgsdruck, Angst und Überforderung machen uns zu Schnell-Arbeitern, die weder dem Patienten noch sich selbst Zeit und Raum zugestehen, die die Seele doch braucht, um zu leben. So kommt es zu Mißverständnissen oder zu Pseudo-Verstehen des Patienten, zu Oberflächlichkeit oder Schablonenbildung in der Beziehung. Im Kontakt mit dem kranken Menschen soll sich der Seelsorger Zeit lassen, der Patient im Bett hat jetzt auch Zeit. Er soll seinem Gegenüber vermitteln, daß er wirklich frei ist. Er soll sich ihm als Mensch zeigen, der sich Zeit nimmt, um zu fühlen und zu erfassen. Wir lernen durch Praxiserfahrung und Übung bestimmt, »schneller« wahrzunehmen und aufzufassen, was menschlich ist. Wir sollten aber der Verführung unserer selbst widerstehen, als könnten wir »im Nu« fühlen, »auf Anhieb« verstehen. Die Praxis zeigt uns ja auch dies, daß es im Einzelfall eben doch immer wieder ganz anders ist und viel komplexer, als wir zunächst gedacht hatten.

Seelsorge braucht Zeit, denn viel und viel Verschiedenes will erfühlt werden. Zuerst: Ist es vielleicht besser, wenn ich wieder gehe, wenn ich vielleicht störe, um ein andermal oder gar nicht wiederzukommen? Dann: Wie nahe oder fern will der Patient mich haben? Welche Rücksichtnahme ist geboten, damit der Patient sich so mit mir unterhalten kann, wie er will (nicht, wie ich will)? Was kann ich überhaupt erfassen, und was bleibt mir verborgen? Wie kann ich Zwischentöne hören und dafür sensibel sein? Welche Grenzerfahrung macht der Patient vielleicht zur Zeit durch? Welche Umweggeschichte benützt er, um die gegenwärtige Erfahrung zu beschreiben? Wann kann ich durch Rückkopplung zu eigener Erfahrung dem andern konkreter werden? Wann soll ich ausschließlich ihm und seinen Erfahrungen Raum geben? Sind Pausen geboten im Gespräch, gemeinsames stilles Aushalten und Ertragen? Braucht der Patient gerade etwas mehr Zeit für sich selber, um dann vielleicht nach einer Weile äußern zu können, was ihn bewegt? Welches seiner Gefühle, die er verbal und körperlich ausdrückt, soll ich benennen, welches lieber unausgesprochen lassen? Wie kann ich den Bildern und der Symbolik seiner Ausdrucksweise verstehend nachkommen? Habe ich die verschlüsselten Hinweise auf den nahen Tod richtig erfaßt? Was bewegt den Kranken heute vom Glauben her? Welche Erwartung hat er vielleicht an mich als Geistlichen? Wie viel von meiner Zeit tut dem Patienten gut? Wann ist es geboten, das Gespräch zu beenden? Mit welcher Verabschiedung kann ich am besten das Zimmer verlassen?

Welchen Gewinn es bringt, wenn es dem Seelsorger gelingt, sich selbst Zeit zu *nehmen*, um richtig zu fühlen, das sei an zwei Beispielen erläutert:

»*Mit der Kirche können Sie mir nicht kommen, damit fange ich nichts an.*« Das war der erste Satz eines Patienten auf die Vorstellung hin. Deutliche Worte, die aber nicht nur gehört, sondern auch gefühlt sein wollten. Der Seelsorger hätte sich erschreckt zurückziehen können, aber stattdessen hält er inne. Er fühlt hinter der Zurückweisung des Patienten noch etwas anderes, eine verborgene Sehnsucht nach Seelsorge. Er antwortet spontan: »Und mit Gott, können Sie mit Gott auch nichts anfangen?« Da steigen dem Mann Tränen in die Augen: »ich weiß nicht, er hat mich ganz verlassen, meine zwei kleinen Buben sind gestorben, und jetzt auch noch meine Frau. Ich kann nicht mehr an ihn glauben.« Das ist der Anfang eines langen Gesprächs. Zum Glück hat der Seelsorger die ersten Worte nicht nur hastig, nach ihrem kognitiven Inhalt, aufgenommen, sondern auch mit dem Herzen, und hat in sich selber den Raum geöffnet, um die Worte dieses Mannes als Signal der Verlassenheit hören zu können.

»*Ich bin enttäuscht, Sie haben nicht mit mir gebetet!*« Das sagt eine schwerkranke Patientin, als der Seelsorger zu seinem zweiten Besuch bei ihr eintritt. Wie reagiert er? Zunächst ist er betroffen über sein Versäumnis beim ersten Besuch und setzt zu einer Entschuldigung an. Dann aber schweigt er, um zu fühlen, was die Patientin mit ihren Worten wirklich ausdrücken möchte. Schließlich sagt er: »Worum sollen wir beten? Ich bitte Sie um Verständnis. Bevor ich beten kann, brauche ich Zeit, Sie noch besser zu verstehen.« Diese Erwiderung gibt der Frau die Möglichkeit zu sagen, was sie bei ihrem Gebetswunsch eigentlich bewegte. Sie kann jetzt reden und ihre tiefsten Gefühle sagen, ihre Angst vor dem Tod, ihre Trauer über den Verlauf der Behandlung, ihre Klage gegen Gott. Sie hatte für die Umwelt bisher immer eine Maske der Zuversicht aufgesetzt. Mit niemand hatte sie offen darüber sprechen können, wie ihr's wirklich ums Herz war. Sie wollte es Gott sagen und auch dem Seelsorger, den sie um das Gebet ersuchte. Dieses kann am Ende gesprochen werden, Ausdruck dessen, was das Herz der Patientin schwer machte. Der Seelsorger hat sich Zeit genommen, als er sich wie einer fühlte, der keine Zeit hat, weil er sogleich ein Versäumnis aufholen sollte. Durch das Zeitnehmen gewann er Raum für das, was die Seele der Patientin gerade jetzt am nötigsten brauchte. Die Begleitung endete nach vier Wochen, als die Patientin starb.

Das nächste Beispiel zeigt die Wichtigkeit des Zeit-*Schenkens*, damit der Patient gehört und verstanden werden kann – eine »Umweg-Geschichte«:

»*Was wissen Sie von Hunger, Arbeitslosigkeit und Krieg!*« Der alte Mann ist nicht gut dran. Er muß mit einem harten Leiden ringen. Von seinem momentanen Befinden oder seiner Krankheit sagt er aber nichts. Dafür spricht er voller Ärger über die heutige junge Generation, die keine Ahnung mehr von dem Existenzkampf der Jahre 1920-45 hat. Der Patient erzählt so lebendig von dem, was er da durchgemacht hat, daß man meinen könnte, es wäre erst gewesen. Dem Seelsorger wird die Geschichte zu lang, er würde gern irgendwie zur Gegenwart zurücklenken. Da spürt er, daß dies nicht gelingt und begreift, daß er der Geschichte von damals Raum geben muß. Er hilft dem Kranken durch einfühlendes Mitgehen, so viel zu erzählen, wie er möchte. Der Patient redet in Analogien, weil ihn die Gegenwart zu sehr bedrängt. Wie im Krieg, so steht auch jetzt sein Leben auf dem Spiel. Wie in den Notzeiten davor, muß er um den Erhalt seiner Existenz kämpfen. Der Tod beendet wenige Tage danach das schwere Ringen mit der Krankheit.

b) Gleichzeitig werden mit dem Patienten

Auch dieser Abschnitt hat es mit der Zeit zu tun, die der Seelsorger braucht und sich nehmen muß, um zu fühlen. Ein Sonderfall des Problems ist die oft beobachtete Differenz zwischen Patient und Seelsorger, bei der der Patient nicht dort ist, wo die Seele des Seelsorgers ihn in ihrer Gegenübertragung vermutet. Der Patient ist manchmal »schon weiter«, dort wo der Besucher noch nicht ist, weil er ihn beim ersten Besuch anders angetroffen hat, oder weil der Seelsorger vom Leiden des Patienten anders betroffen ist als dieser.

»Das muß aber furchtbar sein für Sie!« Ein alter Weingärtner hat Krebs und weiß, daß er nicht mehr geheilt werden kann. Er ist mit sich und der Welt in Frieden. Als der Patient seine Krankheitslage schildert, ist der Seelsorger sehr betroffen. Immer wieder sagt er Sätze wie diesen: Das muß aber furchtbar sein für Sie! Ist denn gar keine Hoffnung? Der Seelsorger braucht Zeit, um das Erschrecken über die Todesbedrohtheit des Patienten zu verarbeiten. Offenbar »mag« er den Mann und kann nicht ertragen, daß er sterben muß. Auf Grund eigener Betroffenheit nimmt er nicht wahr, daß sein Gegenüber schon Zeit gehabt hat, sich mit dem zu beschäftigen, was kommen würde, und schon »weiter« war. Der Seelsorger kam im ganzen Gespräch über Trauer und Angst nicht

hinaus, während der Patient gelöst und fast heiter war. Die Differenz oder Ungleichzeitigkeit der Partner prägt das Gespräch bis zum Schluß. Der Seelsorger will einen verzweifelten Kranken trösten und für ihn mit dem Schicksal ringen, so daß er nicht hört, wo der Patient wirlich ist.

»Ja, warum weinen Sie denn plötzlich?« Ein Patient kommt zur Leistenbruchoperation, eine harmlose Sache. Der Seelsorger gewinnt guten Kontakt zu dem alten, fröhlichen Mann. Er kann nicht verstehen, warum der einige Tage später weinend im Bett liegt. Was ist denn los, Sie haben doch keinen Grund, traurig zu sein? Der Seelsorger läßt sich seine gute Stimmung nicht so schnell nehmen. Der Verlauf des Heilungsprozesses mußte doch sein wie immer! Eine Zeitlang kommen Besucher und Patient überhaupt nicht zusammen. Was war geschehen? Der alte Mann, schon lange an zwei Stöcken, hat durch das Liegen nach der Operation seine Gehfähigkeit vollends und für immer verloren. An diesem unerwarteten Wandel trägt er sehr schwer. Seine Traurigkeit ist von Tag zu Tag gewachsen und trifft den Seelsorger auf dem Höhepunkt. Der Seelsorger ist betroffen von der Änderung in der Lage des Patienten, aber er braucht Zeit, um den Prozeß nachvollziehen zu können, durch den dieser ging. Erst wenn er in sich erfassen kann, was völlige Bettlägrigkeit bedeutet, ist er mit dem Patienten gleichzeitig geworden.

Seelsorger dürfen und müssen sich selbst Seelenzeit einräumen bzw. für Seelenraum Zeit nehmen. Wenn wir uns zu nahe an die Patienten drängen in dem Bedürfnis, ihnen Zuwendung zu geben, wenden wir uns oft ihrem vermeintlichen, nicht wirklichen Los zu. Wenn wir zu schnell auf ihre Schilderungen reagieren, geben wir oft eher unserer eigenen Gefühlsreaktion Seelsorge als ihrer. Darum brauchen wir Abstandszeit und Abstandsraum. Wir sind keine Gefühls-Menschen, kein Patient nimmt uns übel, wenn wir unsre Seele erst »nachbringen« müssen. Deshalb dürfen wir zum Patienten »Halt« sagen, »das muß ich erst verkraften«. Dies *lernen* wir als Seelsorger mehr und mehr, für uns selbst in Anspruch zu nehmen, was wir ja dem Patienten immer einräumen: daß die Seele Zeit braucht und Zeit hat. Es eilt nichts, auch nicht für uns. Wir werden im Krankenhaus oft und oft erschreckt und geängstigt und dürfen uns den Raum zum Schweigen, Fühlen, Seufzen und Kraftlos-Sein nehmen. Nur so bleiben wir fähig, beim andern zu sein, wenn wir auch bei uns sein können! Sonst laufen wir Gefahr, nicht mehr zwischen uns und dem Patienten unterscheiden zu können und unsre Gefühle auf ihn zu übertragen.

Als letztes ein Beispiel, bei dem der arbeitsam von Zimmer zu Zimmer gehende Seelsorger es mit der Umstellung auf den Patienten am schwersten hat. Am Bett von Herrn K. tritt er in eine »andere Zeit«:

»Herr K., darf ich fragen: Woran denken Sie?« Ein schwer kranker alter Mann liegt schon wochenlang so in seinem Bett, auf dem Rücken, den Blick nach vorn gerichtet, links die Infusionsflaschen, rechts der Katheterbeutel, neben dem Bett ein unberührtes Essen. Der Seelsorger kennt ihn, hat es jetzt aber schwer, Zugang zu finden. Der wache, ernste Blick des Patienten wendet sich nicht zu ihm, nicht einmal bei der Begrüßung. Der Seelsorger stellt sich ans Bett, berührt die Hand des Patienten und schaut ihn still an. Zeit vergeht. Der andere ist weit weg mit seinen Augen, seinen Gedanken. Was geht im Patienten vor? Der Seelsorger spürt es. Aber er möchte trotzdem fragen: »Herr K., ich sehe Sie in so ernsten Gedanken, woran denken Sie?« Herr K. antwortet kurz und klar: »Ans Sterben«. Nun hat es der Seelsorger auch aus dem Mund des Patienten gehört. Die Worte klingen unabweisbar fest und wahr. Je länger der Seelsorger den Patienten auf sich wirken läßt, um so deutlicher wird ihm, daß dieser wirklich »ganz woanders« ist. Dem Seelsorger wird es schwer ums Herz. Kann er ihm dahin folgen? Ist es nicht unmöglich für ihn, sich in den Sterbenden hineinzuversetzen, seine Gefühle aufzunehmen und auszudrücken? Er bräuchte »ewig«, um beim andern sein zu können. Will der Patient ihn überhaupt noch bei sich haben? Offenbar nicht. Lange Stille. Schauen. Schweigen. »Sie haben viel mitgemacht, Herr K., Sie sehnen sich nach dem Ende.« »Ja, nach der Ruhe, daß alles vorbei ist.« Mehr Gesprächsinteraktion gibt es nicht in diesem langen Besuch. Der Seelsorger erkennt, daß des Patienten Zeit abgelaufen ist. Seine Augen schauen schon in eine andere Zeit. Der Seelsorger denkt an sein eigenes Ende. Er muß an diesem Bett nicht mehr »gleichzeitig« werden.

4. In der Gruppe lernen

Nicht in Büchern oder Vorlesungen findet der Seelsorger die Fortbildung, die ihm am meisten hilft, sondern in der Kollegengruppe, die zur Analyse von Patientengesprächen zusammenkommt. Neben der alten Weisheit, daß Seelsorger selbst besonders auf Seelsorge angewiesen sind, spricht für die Gruppe, daß nur in ihr eine methodische Kontrolle der Seelsorgegespräche möglich ist. Neben dem allgemeinen Nutzen von Kollegengruppen, in denen Konzepte und Erfahrungen ausgetauscht werden können, hat die Fortbildungsgruppe den Vorteil, daß sie in der Lage ist zu überprüfen und zu verifizieren, ob Seelsorge geglückt ist und wirksam war oder nicht. Sie hat die menschlichen und methodischen Kräfte, auf die es ankommt, um seelsorgerliches Verhalten zu validieren und zu hinterfragen. Sie ist der rechte Platz für die Diskussion von Seelsorgeverständnissen und psychischen Dynamiken. Sie gibt dem Seelsorger den Raum, in dem er an sich und andern Beobachtungen machen, Standpunkte überprüfen und sich weiterentwickeln kann.

Der Seelsorger, der ein Gespräch oder einen Fallbericht vorlegt, kann mit diesem Material auf verschiedenen Ebenen lernen: 1) Er leitet selbst die Arbeit an, indem er die Schwierigkeit vorstellt (Kommunikationsstörung, Sackgasse, Mißerfolg usw.), die ihn veranlaßt hat, sein Gespräch zu präsentieren. 2) Er läßt die Gruppe zuerst reagieren und bedenkt mit ihr, wie das Ganze auf sie gewirkt hat. 3) Er erarbeitet Erkenntnisse über seine Interaktions-Struktur durch eine Satz-für-Satz-Analyse des vorgelegten Gesprächs in der Gruppe. 4) Er studiert die spezielle Problemlage seines Gesprächspartners mit Hilfe des Einfühlungsvermögens der Gruppenmitglieder. 5) Er vertieft das, was er über seine eigenen Kommunikationsprobleme aus dem Gruppengespräch erkannt hat, durch ein Rollenspiel seines Falles. 6) Er überlegt mit den andern die grundsätzlichen seelsorgerlichen Hilfsmöglichkeiten und sein weiteres Vorgehen. Das Lernen kann also geschehen am Auslöseproblem, an der Gesprächsführung, am Fall als allgemeinem und wiederkehrenden, an der Person des jeweiligen Klienten, an der Eigenpersönlichkeit des Seelsorgers. Solch vielseitiges Lernen wird möglich, weil der Seelsorger lebendig in der Gruppe anwesend ist, und weil die Gruppe sich auf vielfältige Weise mit ihm und dem berichteten Geschehen identifizieren kann. Je länger das Fallgespräch dauert, um so wahrer und echter wird eine Gesprächsbeziehung in der Gruppe gegenwärtig (Verifikation). Je tiefer die Teilnehmer sich in die jeweilige Beziehung, Psychodynamik und Gesprächsführungsmethode einfühlen, um so genauer und unbestechlicher wird die Überprüfung des seelsorgerlichen Verhaltens und der Gesprächsergebnisse (Kontrolle).

Da es wenig objektive Maßstäbe für die Auswertung von Seelsorgegesprächen gibt, ist die subjektive Evidenz das Haupt-Kriterium, nämlich ob etwas, das der Seelsorger tut, als hilfreich empfunden wird oder nicht. Die methodische Kontrolle besteht also im wesentlichen darin, daß die Gruppenmitglieder sagen, ob das Vorgehen des Seelsorgers gut auf sie gewirkt hat oder nicht. Die Erfahrung lehrt freilich, daß niemand seelsorgerlicher und darum in unserem Sinne objektiver zu einem Seelsorgegespräch Stellung nehmen kann als die Gruppe, die sich in einen Fall hineinhört, ihn erlebt und versteht. »Wie wirkt das auf mich, was ich hier erlebe?« Das ist die zentrale Fragestellung der Fallbesprechungsgruppe. Feedback geben und empfangen ist darum der eigentliche Lernpfad dieser Fortbildung. Das Echo-Geben schult die Fremdwahrnehmung der Teilnehmer und ihre Fähigkeit, eigene Gefühle zu erfassen und auszudrücken. Diese Übung ist auch für den sensiblen Umgang mit dem, was von den Patienten her auf die Seelsorger zukommt, von Bedeutung. Das Echo-Empfangen hat einen anderen Nutzen, es gibt dem Seelsorger selber einmal, was ihm sonst kaum jemand gibt, Anerkennung und Kritik. Er wird bestärkt in dem Guten, das er zu geben vermag, und konfrontiert mit dem, was er im Umgang mit den Patienten schuldig bleibt. Das Vertrauensklima der Gruppe, in welcher jeder Teilnehmer gleich exponiert ist, stärkt die Fähigkeit des einzelnen, an Schwächepunkten zu arbeiten. Die Gruppenmitglieder werden einander zur Quelle der Hilfe, indem sie ihre Fehler auch zum Vorteil der anderen offenbaren, und indem sie einander beistehen, Fehlhaltungen zu überwinden und Verbesserungsmöglichkeiten einzuüben.

In der Seelsorge-Fortbildungsgruppe wirken sich die Gesetze der Gruppen-Dynamik günstig aus: Die Bindung der Teilnehmer aneinander und an die gemeinsame Aufgabe verstärkt die Lernbereitschaft und läßt Einsichten leichter wachsen. Bestätigung und Widerspruch, Identifizierung und Distanzierung bewirken einen lebendigen Prozeß mit stets fließenden Fronten, in dem sich der einzelne erkennen und verändern kann. Die Wiederkehr verdrängter Affekte eines Mitglieds im Herzen anderer Mitglieder ermöglicht das Aufspüren dieser Kräfte und hoffentlich ihre Integration. Die Ähnlichkeit von Verhaltensmustern innerhalb und außerhalb der Lerngruppe läßt Lebenswirklichkeiten wahrnehmen und reflektieren. Die Ich-Stärkung der einzelnen Mitglieder durch die seelsorgerliche Arbeit der Gruppe wirkt sich positiv auf die Bewältigung der beruflichen Aufgaben aus.

Der Erfolg der Fortbildungsgruppe beruht auf ihrem organismischen Charakter. Ihre Glieder bilden zusammen den Leib, von dem in 1. Kor. 12 gesagt wird, daß er nur deshalb besteht und lebt, weil alle Teile in je ihrer unverzichtbaren Funktion zusammenwirken. Man braucht alle Teilnehmer, denn sie ergänzen sich, wenn es um das Sehen und Verstehen dessen geht, was einem Kranken fehlt. »Wenn der ganze Leib Auge wäre, wo bliebe das Gehör, wenn er ganz Gehör wäre, wo bliebe der Geruch?« Die Teilnehmer sind eine Gemeinschaft, die um ihre Unvollkommenheit und Stärke weiß: »Wenn ein Glied leidet, leiden alle Glieder mit, wenn ein Glied wird herrlich gehalten, so freuen sich alle Glieder mit.« Sie stehen im Dienst einer Sache, welche durch sie hindurch zu den kranken Menschen kommen möchte: »Wir sind alle ein Leib, und das Haupt des Leibes ist Christus.«

Krankenhausseelsorge
als »Ohnmacher«-Dienst am Patienten

Die Betriebsamkeit in den großen Krankenhäusern hat durch die technischen Fortschritte der letzten Jahrzehnte zugenommen. Die Möglichkeiten, mehr Diagnostik und Therapie zu betreiben, werden intensiv genutzt. Mehr und neue Funktionsabteilungen sind zu den Krankenstationen hinzugetreten, und sie bestimmen den Alltag des Krankenhauses hauptsächlich. Viele verschiedene Menschen kümmern sich um die Patienten, und die Ärzte werden durch die Vielfalt der Maßnahmen zu einer Art Betriebsorganisatoren. Das alles gereicht zum Vorteil des Patienten, dessen gestiegener Erwartung ans moderne Krankenhaus dadurch entsprochen wird. Die Leistungsfähigkeit unserer Krankenhäuser hat sich zugunsten der Heilungssuchenden deutlich gesteigert.

Die Kehrseite dieser positiven Entwicklung ist, daß ein gewisser Mach-Geist in die Krankenhäuser eingezogen ist, der dem von Produktionsbetrieben der Industrie nicht ganz unähnlich ist. Das Hauptinteresse des Krankenhauses richtet sich auf rasches Funktionieren der Untersuchungspläne und reibungslosen Ablauf der Behandlung, und das kann sich auf die »schwächsten Glieder« gelegentlich negativ auswirken. Chronisch Kranke z.B. oder medizinisch »uninteressant« gewordene Fälle werden manchmal nicht mit derselben Zuwendung gepflegt wie die andern Patienten. Oft möchte das Krankenhaus sie loswerden, auch wo es medizinisch noch nicht angezeigt ist. Auch Kranke mit infauster Prognose werden häufig Opfer der Herrschaft des »Machens«, wenn sie über ihren körperlichen Zustand nur »im Rahmen der Maßnahmen« aufgeklärt werden, die jetzt immer noch vom Krankenhaus getroffen werden, aber nicht indem ihnen gesagt, wird, daß das »Machen« sich jetzt seinem Ende nähert.

Das ist die Realität: Das Krankenhaus will gesundmachen, einen raschen Durchsatz von Patienten bewältigen und sich als effektiv erweisen. Wo die in ihm arbeiten Menschen mit den Grenzen der Machbarkeit, also mit ihrer eigenen Ohnmacht, konfrontiert werden, reagieren sie nicht immer so, daß es ihren Betreuten zum menschlich besten gereicht. Es ist wichtig, im Krankenhaus auch von der Ohnmacht zu sprechen. Wenn die Macht des Menschen, Leben zu erhalten und zu heilen gewachsen ist, verliert die Ohnmacht immer mehr an Boden – freilich nur scheinbar. Das Krankenhaus ist und bleibt die Institution, in der die Mehrzahl der Bürger ihr Leben beendet. Deshalb müßte die Ohnmacht in ihr festes Hausrecht erhalten, Anerkennung genießen und in alles ärztliche und pflegerische Tun integriert sein. Statt dessen führt sie häufig das Dasein eines nur ärgerlich zur Kenntnis genommenen und verfolgten Eindringlings. Der herrschende Geist sieht in ihr – teils zu Recht, teils zu Unrecht – seinen eigentlichen Gegner.

Wie verhält sich nun der Seelsorger, der sich in dieser Institution vorfindet, so wie sie sich heute entwickelt hat? Zunächst gilt, daß er sich – bei aller Unabhängigkeit – dem herrschenden Geist gar nicht so leicht entziehen kann. Er wird davon möglicherweise angesteckt und fühlt sich unwillkürlich gedrängt, ähnlich betriebsam und effektiv werden zu sollen wie das Haus. Je mehr seine Leistung unsichtbar und unverrechenbar bleibt, um so mehr könnte er darunter leiden, nicht ebensolche Mach-Erfolge vorweisen zu können wie die andern. Dieses Minderwertigkeitsgefühl verführt ihn dann dazu, einen betriebsamen »Apparat« aufzubauen, seine Patienten »rationalisiert« zu betreuen, sich selbst in der Art einer »Abteilung« zu organisieren. Er würde dann viel Wind machen, um im Haus wahrgenommen zu werden, seine Aufgabe, für die Patienten dazusein, aber damit verfehlen.

Kann man es dem Seelsorger verdenken, wenn er kräftig und zielgerichtet mit »machen« will, so z. b. daß er sich auf priesterliche Glaubensheilungen oder seelsorgerlich-psychologische Spezialtherapien verlegt? Er steht ja im Vergleich zu den andern wirklich »arm« da: ohne Arbeitsmittel und Instrumente, ohne Behandlungsprogramm und meßbare Heilungserfolge. Freilich, wenn er dem Anpassungsbedürfnis an den Geist des Machens erliegt, verliert er wohl eines der wichtigsten Eigenmerkmale seines Amtes und übersieht eine der größten Chancen seines Berufs:

Die Möglichkeit, für diejenigen Lebenszustände dazusein, an denen die Medizin nichts oder nicht viel ändern kann; am Ort größter menschlicher Ohnmacht eben diese zu personifizieren (anstatt zu verdrängen); im Herrschaftssystem der medizinischen Macht als Ohnmacher bei den Patienten zu stehen; im Mach-Haus der zu sein, der nichts macht! Bevor ich den Ohnmacher-Seelsorger noch deutlicher charakterisiere, möchte ich den Hintergrund, vor dem seine Arbeit geschieht, noch weiter beschreiben. Es muß dabei klarsein, daß ich hier nur eine einzige, sehr ausschnitthafte Ansicht, in der sich das Krankenhaus dem Betrachter zeigt, darstelle. Selbstverständlich ist alles Handeln und Behandeln des Krankenhauses in den allermeisten Fällen ein Segen für die Patienten. An einer einzigen Stelle haftet den Aktivitäten unserer modernen Kliniken etwas Unheimliches an, verwandelt sich der Segen in ein »mixed blessing«: Dort, wo das medizinische Selbstverständnis, zu helfen, solange etwas Helfendes zu machen ist, zu einer Handlungsweise führt, wo das Behandeln nicht mehr so sehr der Hilfe dient, sondern eher der Verdrängung der eigenen Grenze. Je weniger diese Grenze akzeptiert werden kann, als umso bedrohlicher wird sie wohl abgewehrt. Je mehr eigene Ohnmacht bekämpft wird, weil man sie nicht wahrhaben kann, um so mehr wird sie zum Dämon, und gewinnt der Kampf gegen sie selbst etwas Dämonisches.

Etwas Dämonisches haftet manchmal den Bemühungen des Krankenhauspersonals in offenkundig aussichtslosen Fällen an. Es wirkt wie ein Abwehrzauber gegen den Angst-Dämon, der da heißt: Es ist nichts mehr zu machen. Der Arzt sagt dann erschöpft zu den Angehörigen: »Wir haben wirklich alles gemacht!« Die Schwester ruft dem sterbenskranken Patienten zu: »Sie müssen doch mitmachen!« Oder: »Wenn Sie nicht essen und sich hängenlassen, können wir auch nichts mehr für Sie machen!« Es ist offenkundig für die Mitarbeiter des Krankenhauses schwer, Ohnmacht zuzulassen und auszuhalten und ins eigene Handeln einzubeziehen, daß man in vielen Situationen ans Ende menschlicher Möglichkeiten gekommen ist. Leider hört man Worte wie die folgenden selten im Krankenhaus: Wir wissen nicht weiter, wir können nichts mehr tun, wir müssen das Intervenieren und Behandeln zugunsten des Patienten aufgeben! Stattdessen wird oft zu viel und zu lange therapiert, und meistens wird das am Ende von den Ärzten auch eingeräumt. Diese können aber kaum anders, weil die Mach-Möglichkeiten zu ihrem (übermäßigen) Gebrauch geradezu zwingen.

In dem ganz beschränkten Blickwinkel, aus dem hier das Krankenhaus betrachtet wird, scheint es gelegentlich so etwas zu sein wie ein Gärtnereibetrieb. Da treten eine Menge junger Gärtner morgens mit dem Befehl ins Gewächshaus: Hier wird gewachsen, gegrünt und geblüht! Aber die Pflanzen sind vielfach alt, welk und schwach. Macht nichts, sie werden herangenommen, und starke Mittel impfen ihnen neue Kraft ein. Unwille bricht aus, wenn eine Pflanze sagt: Bitte heute nicht! Die Gärtner bestehen darauf, daß man sich aufrappelt, um wieder etwas zu werden. Sie wollen ja schließlich nur helfen. Der gute Wille stößt dann nicht selten an die physischen Grenzen der Pfleglinge. Sie nehmen keine Nahrung auf, sie haben keine Triebkräfte mehr, sie fallen in sich zusammen. Manchmal, selten genug, setzen sie sich sogar durch gegen die Gärtnerei, gegen die Diagnostiker und Gymnastiker, Laboranten und Praktikanten und wie die Helfer alle heißen. Häufiger unterliegen sie und werden weiterbehandelt. Oft kommt es, mit Hilfe der Pharmazie, zu einer kurzen Spätblüte der kranken Blumen. Dann aber steht doch das Ende bevor. Es ist natürlich für die Gärtner schöner, Wachstum und Früchte zu sehen. Darum fällt es ihnen nicht leicht, zu akzeptieren, daß der Mensch »wie Gras ist und seine Herrlichkeit wie des Grases Blume«.

Wir sind dem Gesetz von Werden und Vergehen unterworfen, und so ist das Sterben Teil der täglichen Realität des Krankenhauses. Der Tod kommt herein ins Krankenhaus mit all seinen verschiedenen Gesichtern. Er wird bekämpft und tausendfach besiegt, aber er ist zum Schluß der Stärkere. Gelegentlich kommt es vor, daß der Seelsorger gerufen wird, wenn das Personal nach langer Mühe von einem sterbenden Patienten abläßt. Der Seelsorger wird in solchen Fällen nicht oft gerufen (zum Glück, er könnte es sonst nicht verkraften), aber wenn er gerade in der Nähe ist, wird von ihm erwartet, daß er in die Lücke springt, die die Ärzte kurz vor dem Ableben eines Menschen gelassen haben. Offensichtlich soll der Seelsorger jetzt, wo sie nichts mehr machen können, noch die letzte menschliche Mach-Möglichkeit wahrnehmen und etwas Geist-Mächtiges tun. Die Ärzte fühlen sich entlastet, wenn der Seelsorger hier aktiv wird, und nehmen es ihm übel, wenn er sich hilflos zeigt oder gar entzieht! Aber wir fühlen uns mit Recht in solchen Situationen mißbraucht. Uns wäre es lieber, wenn die Ärzte jetzt selber – als Menschen – bei dem Sterbenden blieben, anstatt sich zurückzuziehen. Zwar wollen wir dort nicht fehlen, wo der Patient an die Grenze seines Lebens gekommen ist, wir wollen aber auch nicht als verlängerter Arm eines manchmal unheimlichen und dämonischen Kampfes gegen die menschliche Ohnmacht dienen.

Wir sind eben etwas ganz anderes. Wir stehen ein für das Eingeständnis, welches jeder Mensch letztlich machen muß, daß er nichts machen kann. Wir sind die Ohnmacher im Krankenhaus. Als solche können wir uns – immer aus der bestimmten, eng begrenzten Sicht, um die es hier geht – als Gegenpol und Gegenspieler des Krankenhausbetriebs sehen. Auch manche Ärzte bringen es zum Ausdruck, die lachend zu uns sagen: Aha, die Konkurrenz kommt! Sie spüren, daß wir zu einem gewissen Grad am andern Ende des Stricks ziehen wollen. Wir schwimmen im Namen der Ohnmacht manchmal gegen den Geist des Alles-Machen-Wollens. So kommt es vor, daß wir uns zum Fürsprecher von Patienten machen, die nicht mehr weiterbehandelt werden wollen. Oder daß wir manchmal das allzu durchsichtige Hoffnungsgeschwätz nicht mitmachen. Oder daß wir uns für den Verbleib eines Sterbenskranken im Krankenhaus einsetzen, wenn er selbst und seine Angehörigen es dringend wünschen, auch wenn ärztlich nicht mehr viel zu machen ist. Wir sind Gegenspieler gegen den Geist des Machens, indem wir Patienten dort sein lassen, wo sie sind. Indem wir uns dort aufhalten, wo nichts mehr zu machen ist. Indem wir nichts machen. Indem wir sind.

»Sein statt machen!«, das könnte unser Stichwort sein. Unser Besuch bedeutet ein Da-Sein-Wollen beim Patienten, ein Mit-Sein in der Zeit seiner Krankheit, Ein-Angebot-Sein, wenn er jemand braucht, der ihn in seinem So-Dran-Sein begleitet. Wir verlangen nichts, bewegen nichts, organisieren nichts. Wir sind eben da. Unser inaktives Sein bei den Patienten ist in sich selbst das Zeichen der andern Macht, deren Liebe auch dort noch gefühlt werden kann, wo die menschliche Ohnmacht am größten ist.

So erfüllen wir unsere Aufgabe, wenn wir mit den Patienten einüben, was es heißt, keine Macht mehr zu haben, einen Zustand zu ändern. Die Kranken, deren Möglichkeiten zum Eigenhandeln manchmal plötzlich unterbrochen sind, üben mit uns das Lassen, Seinlassen, Loslassen, religiös ausgedrückt das Sich-Verlassen und Überlassen. Die letztendliche Reifungsaufgabe jedes Menschen ist wohl: »Dir uns lassen ganz und gar«.

Es wäre grundfalsch, wenn wir den Ohnmacher in einem generellen Gegensatz zum Krankenhausbetrieb sehen würden. Der besondere Aspekt, den ich hier beschrieben habe, läßt schlaglichtartig eine bestimmte Seite der Identität des Seelsorgers aufleuchten, zeigt keineswegs den ganzen Seelsorger. Es bringt ihm selbst und seiner Arbeit viel mehr, wenn sich der Ohnmacher nicht so sehr als Gegensatz als vielmehr als Ergänzung zum Krankenhausbetrieb versteht. In der Ergänzung läßt sich das weite Arbeitsfeld des Ohnmachers erkennen: Er ist nicht nur dazu da, z. B. das Recht eines Patienten zu verteidigen, in einem Zustand in Ruhe gelassen zu werden, wo man nichts mehr machen kann. Er soll sich viel mehr auch allem andern zuwenden, an dem man nichts mehr machen kann, lang vor dem Tod. Der Ohnmacher ist nicht nur ein Gegengewicht im mach-orientierten Medizinbetrieb, sondern er hat den Auftrag, für alles das dazusein, was durch die Behandlung eben nicht weggenommen werden kann. Das Krankenhaus macht ja nicht nur gesund, sondern hilft oft nur, Krankheiten so aufzufangen, daß man nicht gleich an ihnen stirbt. Einmal krankgeworden, einmal behandelt und gebessert, hat man sehr oft nicht nur Defekt und Reparatur, sondern auch einen unersetzlichen Verlust zu verkraften. Das Krankenhaus richtet sein Augenmerk auf die Seite der Krankheit, die therapeutisch in den Griff zu kriegen ist. Der Ohnmacher schenkt der andern Seite seine Aufmerksamkeit, nämlich dem Verlust oder bleibenden Schaden, mit dem der Patient sich abfinden muß. In der »Heilungsfabrik« wird auch atmosphärisch viel zu wenig eingegangen auf das, was – auch nach aller ärztlicher Mühe – unterm Strich dem Patienten zu tragen übrig bleibt. Man will emsig Zustände ändern und Lagen verbessern, geht aber oft mit einem Achselzucken über das weg, was eben so bleibt, wie es ist. In Ergänzung zu den wichtigen Bemühungen des Krankenhauses, zu helfen und wiederherzustellen, sieht der Ohnmacher-Seelsorger seine ganz besondere Aufgabe darin, Menschen zu helfen, sich mit etwas abzufinden, was nicht mehr zu ändern ist. Er spricht nicht leichtfertig Hoffnungsvolles, sondern nimmt sich des Hoffnungslosen an, das mit einer Krankheit oder Invalidität gegeben sein kann. Er bleibt beim Patienten in seiner Not und versucht, sie etwas mitzutragen – ohne daß er sie im Geringsten wenden könnte. So hilft er dem Kranken zu trauern, anzunehmen, seinen Frieden zu gewinnen, reifer zu werden. In dieser ohnmächtigen Teilnahme sind wir wohl durch keinen andern Beruf zu ersetzen, denn sie enthält eine theologische Dimension. Unser Leben ist ein stufenweises Sterben, und niemand kann uns ersetzen, was wir verloren haben. Den Schmerz darüber können wir nur – darf ich das für alle Menschen der Erde sagen? – »in Gott« verkraften. Der Ohnmacher hilft dem Kranken, »in Gott hinein« zu trauern und darin auf geheimnisvolle Weise getröstet zu werden. Dazu braucht der Ohnmacher nichts von Gott zu reden. Er symbolisiert ja die mitleidende Liebe Gottes, und wenn er in aller menschlicher Ohnmacht bei der Nacht des Patienten verharrt, wird es Licht.

Abschließend möchte ich aus einer Studie von Heije *Faber* zitieren, der den Pfarrer im modernen Krankenhaus mit einem *Clown* vergleicht und ähnliche Züge in ihm sieht, wie wir hier beschrieben haben:

Der Zirkusclown »hat es mit ›Sachverständigen‹ zu tun« und weiß, »daß er vergleichsweise dazu nur ein ›Dilettant‹ ist«. »Dem armen Pfarrer geht es wie dem Clown.« Er kann sich »bei seinem Auftreten nicht durch ›Kunststücke‹ in den Vordergrund drängen.«[37] Der Clown ist derjenige, »der im Scheitern seine Ohnmacht erkennt, sie als Teil seiner selbst annimmt«, der »die Winzigkeit und Machtlosigkeit des Daseins« demonstriert und damit »die Dinge in die richtigen Proportionen« bringt.[38] Der Clown »fühlt sich in einem ganz gewissen Sinn in bezug auf die Grenzsituationen des Lebens (das Leiden, das Absurde, das Scheitern) mit seinem Publikum solidarisch«. »Die Solidarität des Pfarrers ist« ganz ähnlich »die eines Zusammenstehens in den Schwierigkeiten und Möglichkeiten der Grenzsituationen.« Hier wird »der Pfarrer genauso klein wie der Clown – auch er ist nur ein schwacher und verletzlicher Mensch –, aber gerade in dieser Kleinheit verweist er auf das Große, auf das, was den Kranken frei macht . . .«[39].

37 Heije Faber, Der Pfarrer im modernen Krankenhaus, Gütersloh 1970, S. 18.
38 ebda. S. 15
39 ebda. S. 17.

Krankenhausseelsorge
als volkskirchlicher Dienst

1. Intensive oder extensive Besuchsarbeit?

Eins der unslöbaren Probleme der Krankenhausseelsorge bleibt der Konflikt zwischen flächendeckender und in die Tiefe gehender Besuchsarbeit. Wer sich mehr fürs erstere entscheidet, verfehlt oft die Bedürfnisse der kranken Menschen und geht dazuhin oberflächlich mit der Institution um, die sich um den Patienten müht. Wer sich mehr fürs letztere entscheidet, begegnet nur einer geringen Anzahl von Menschen und nimmt zugunsten einer engen Zusammenarbeit mit dem Heilungsteam einen Verlust an volkskirchlicher Breite in Kauf. Erfahrungsgemäß »durchleiden« die meisten Krankenhausseelsorger den Konflikt, indem sie versuchen, sich weder zu sehr nach der einen noch nach der andern Seite zu neigen. Man kämpft sich durch, versucht intensiv und extensiv zugleich zu arbeiten, auch mit dem Personal zusammenzuarbeiten, wo es möglich ist, und arrangiert sich mehr oder weniger gut mit der Tatsache, daß man immer etwas schuldig bleibt.

Im Umgang mit der beschriebenen Schwierigkeit lassen sich bei den Seelsorgern aber dennoch kleine Unterschiede bemerken. Nebenamtliche Seelsorger, die weniger in ihre Häuser integriert sind, arbeiten wohl eher in die Breite gehend, hauptamtliche, die es vielleicht erreicht haben, daß sie vom Personal häufig gerufen werden, wenden sich gern einzelnen Patienten intensiver zu. Eine gewisse Auswahl oder Auslese findet wohl immer statt. Der Nebenamtliche fragt die Schwester etwa: Gibt es etwas Besonderes? Der Hauptamtliche richtet sich z. B. nach dem Operationsplan für den nächsten Tag und geht den schwereren Fällen nach. So bleiben immer Patienten unbesucht, die von ihrer Krankheit her als »weniger dringend« eingestuft werden. Wenn es möglich ist, machen sich die Seelsorger einer großen Zahl von Patienten bekannt; wenn sie Zeit haben, besuchen sie die Mitglieder ihrer Konfession, wenigstens diese, reihum. Sie spüren, daß es eine Erwartung der Menschen gibt, besucht zu werden, und wissen, daß der volkskirchliche Auftrag sie im Grunde zu allen Kranken senden möchte. Einige Seelsorger empfinden eben diesen Auftrag als zu große Belastung und möchten sich von seinem Druck befreien. Sie wollen, auch um ihrer selbst willen, Schwerpunkte setzen und nicht gezwungen sein, Zimmer und Besuche aufzuhäufen und allabendlich hinzulegen wie eine Jagdstrecke. Sie brauchen z.b. Ruhepausen, um Schweres innerlich ausklingen zu lassen. Sie sagen, daß die Qualität ihrer Besuche unter dem Quantitätsstreben leiden würde, und daß sie selbst bei dieser Arbeit nicht »immer im Dienst« sein könnten. Haben sie nicht recht? Sie machen dann weniger Besuche und nehmen es in Kauf, in manchen Stationen nur einige wenige Patienten zu kennen.

Es gibt aber auch Gefahren, die sich bei der konsequenten Verringerung der Besuchsfrequenz ergeben. U. Eibach, der sich sehr für eine gute Seelsorgearbeit in Intensivstationen einsetzt, meint, daß ein »Seelsorger, der eine Intensivstation zu betreuen hat, darüber hinaus nur für 50 bis maximal 100 Allgemeinbetten zuständig sein«[40] sollte. Hieraus ergibt sich die Tendenz, aus dem Seelsorger einen Spezialisten zu machen, der dann eine berufliche Identität als Schwerkrankenbegleiter gewinnt. Dabei wird auf der einen Seite dem Intensivpersonal die Fähigkeit abgesprochen, seine Kranken menschlich, nicht nur instrumentell zu begleiten, auf der andern Seite dem Seelsorger seine eigentliche Identität als Beistand für die psychisch-metaphysischen Bedürfnisse der Patienten genommen. Zwar läßt sich die Zuwendung des Seelsorgers zum Kranken nie fraktionieren oder auf einen religiösen Bereich begrenzen; andererseits läßt sich die Zuwendung, die das Pflegepersonal der körperlich-organischen Seite zukommen läßt, auch nicht trennen von den emotionalen und religiösen Bezügen innerhalb einer ganzheitlichen Krankenpflege.

Der Seelsorger, der sich vom volkskirchlichen Breiten-Auftrag abwendet, gerät leicht in eine seltsame Rolle als »Fachmann für Humanität« oder als Leidtragenden-Psychologe. Er verliert seine Freiheit, die er gerade erkämpfen wollte, weil er vom Krankenhaus dann für

---

40 Ulrich Eibach, Medizin und Menschenwürde, Wuppertal 1976, S. 508.

Aufgaben benützt oder mißbraucht wird, für die eben nur scheinbar kein anderer da ist, Aufgaben, die im Grunde in das Pflichtgebiet aller Mitarbeiter am Krankenbett gehören. Es ist sinnvoller, die Mitarbeiter für ihren allgemeinen Seelsorgeauftrag fortzubilden als selbst den unmöglichen Versuch zu unternehmen, etwa entstehende Lükken seelsorgerlicher Betreuung alle aus eigener Kraft zu schließen.

Darum ist es auch gut, wenn der Seelsorger, als »Generalist Gottes«, offen bleibt für alle und alles und auch die alte Geh-Struktur aufrechterhält, nach der er sich so vielen Patienten wie möglich als volkskirchlicher Besucher anbietet, was immer die Besuchten auch mit ihm anfangen können, und dort verharrt, wo er besonders gebraucht wird. Seine Identität sollte er sich nicht vom Krankenhaus geben lassen, sondern von seiner Beauftragung durch die Kirche her, deren Herr die Christen, die das Amt dafür haben, zu den Kranken weist. Es gibt ja die schöne Erfahrung, daß der Dienst, den wir tun, ein Anstoß ist, der die Patienten in Mehrbettzimmern zu Seelsorgern füreinander werden läßt. Wir müssen nicht alles selbst machen und nicht überall selbst weitermachen, sondern können auf die Eigenkraft des »Volkes Gottes« vertrauen. Es kann genug sein, wenn wir uns in Reihum-Besuchen den Menschen zeigen und anbieten. Zwar wird der flächendeckende Besuch oft zur reinen Karikatur eines Besuchs. Aber manchmal braucht es wirklich nicht »die ganze Tiefe«. Manchmal wirkt auch ein kursorischer Besuch viel: »Ich war krank, und du hast mich besucht«.

2. Kein Kirchenvolk, aber Gottes Bundesvolk!

Krankenhaus-Seelsorger, die Menschen aus allen Bevölkerungsgruppen begegnen, machen eine überraschende Erfahrung: Es gibt ein Volk ohne Kirche bzw. eine Kirche ohne Volk, es gibt Säkularisation und die sog. nach-christliche Gesellschaft – es gibt aber keine Menschen ohne Religion bzw. ohne Glauben. Lehrt Not beten, ist Krankheit der Erwecker religiöser Bedürfnisse? Nein, die Krise bringt zum Leben, was eigentlich immer schon im Menschen da war, was er nicht verlieren kann, was Krankheit lediglich deutlicher ins Zentrum der Person rückt: Er hat eine persönliche Beziehung zu

Gott. Was glauben die Deutschen? Allen Umfragen zum Trotz: Sie glauben in überwältigender Mehrheit an Gott! Es gibt das Laos Theou, das Gottesvolk! Die meisten sind kritisch gegenüber der verfaßten Kirche, brauchen keine Gemeinde und keinen Gottesdienst. Aber paradoxerweise können sie den Seelsorger als Vertreter der verfaßten Kirche ohne Weiteres annehmen und mit ihm ihre Gottesbeziehung reflektieren. Was ist er dann für sie? Doch so etwas wie eine Verbindungsperson zu Gott und seiner Welt, weil es außerhalb der organisierten Religionsgemeinschaften eben keine solchen Personen gibt? Woher wissen wir, daß die Patienten glauben? Bei unseren Besuchen machen wir die Erfahrung, daß die meisten ihren Glauben bekennen, vielleicht in der Krise offener als sonst. Sie legen das Bekenntnis ungefragt vor uns hin. Dabei erkennen wir, daß alle Menschen offenbar so etwas wie ein insgeheimes Bündnis mit Gott haben, einen Kontrakt, der ihr Leben prägt. Zwei Formen von Bündnissen kristallisieren sich dabei heraus:

Im Bündnis der ersten Form ist es Gott, der erwählt und das Bündnis stiftet, in dem der zweiten Form ist es der Mensch, der mit dem Herrn des Lebens ein Bündnis eingeht.

Die Menschen der ersten Bündnisform fühlen sich von Gott gehalten und geführt, so wie die Menschen des AT sich geborgen wußten, denen sich Gott durch seine Bündnisverheißung verbunden hatte. Ihr Bundes-Vertrauen läßt sich mit den Worten aus dem Paul-Gerhardt-Lied wiedergeben: »Wäre nicht mein Gott gewesen, hätte mich sein Angesicht nicht geleitet, wär ich nicht aus so mancher Angst genesen«. Immer wieder versichern sie: Ohne meinen Glauben an Gott hätte ich das alles nie gemeistert, was ich durchgemacht habe. Sie bringen ihren Glauben als ihren Beitrag ins Bündnis ein. Sie lassen nicht von Gott, weil sie erlebt haben, daß er sie nicht verlassen hat. Sie geloben ihm Treue, weil sie seine Treue als allem menschlichen Eigenhandeln vorausgehend immer wieder erfahren haben. Sie haben das Bündnis der Liebenden und Dankbaren.

In der zweiten Bündnisform verteidigen sich die Menschen zuerst für ihr Säumnis, die Kirche nicht zu besuchen. Sie tun es, fast schuldbewußt, mit dem bekannten Reflex, der die eigene bessere Gerechtigkeit den Kirchgängern und ihrer menschlichen Qualität gegenüberstellt, die dann viel schlechter dastehen. Sie reden danach mit großem Ernst von ihrem Versuch, so zu leben, wie es recht ist, auf daß sie sich einmal nichts vorzuwerfen werden haben. Ihre Lebenshaltung impliziert unausdrücklich den Glauben an das Gericht Gottes am Ende des Lebens oder schon während des Lebens. In diesem Gericht, in dem über Gerechte und Ungerechte der göttliche Spruch fällt, werden sie bestehen, denn sie haben entsprechend gelebt. Das zweite Bündnis basiert auf der vorausgehenden Leistung des Menschen, der Gott seine Anerkennung nicht versagen wird. Der betont unkirchliche Kontrakt dieser Gottes-Diener beeindruckt durch seinen starken ethischen Ernst. Menschen, die in diesem Bündnis der »Täter des Wortes« stehen, fühlen sich fast noch mehr verpflichtet als die meisten »Kirchenchristen«, Anforderungen der Gebote und Pflichten, die das Gewissen vorschreibt, zu erfüllen. Sie haben das Bündnis der Aktiven und Leistungs-Orientierten, in welchem Gottes – nachgehender – Anteil Lohn bzw. Strafe ist.

Es gibt sicher viele andere Möglichkeiten, den »Glauben der Deutschen«, wie er sich im Krankenhaus erkennen läßt, zu erfassen und zu beschreiben. Wir haben hier die beiden Bundesschlüsse notiert, einfach, weil sich solche Kategorisierung von der Besuchserfahrung her aufdrängte. Die Bundes-Kategorie hat den Vorteil, daß sie den Menschen gleichzeitig in mehreren Bezügen zur Darstellung bringt: in seiner Beziehung zu Gott, zu seinem Leben und seiner Arbeit, und zu seinem (Krankheits-)Geschick.

Entscheidender als solche Glaubensmodellierung ist die Annahme der Erkenntnis, daß Glaube da ist, weil er zum Menschsein gehört, in was für einer Form er sich auch immer zeigt. Diese Grunderkenntnis befreit den Seelsorger von mancher Unsicherheit (daß er auf keine Resonanz stoßen könnte) und Verkrampfung (daß er steinharten säkularisierten Acker mühsam zu bestellen hätte). Das »Volk Gottes« im Krankenhaus wartet auf ihn – er braucht nur anzuknüpfen an das Seil, das ihm die Menschen zureichen. Per Übertragung innerhalb ihrer jeweils eigentümlichen Gottesbeziehung haben die Patienten auch eine unmittelbare Seelsorger-Beziehung, eine oberflächliche oder tiefe, eine warme oder spannungsgeladene, eine kindliche oder brüderliche usw.

Der Seelsorger, dessen Aufgabe im Krankenhaus keinesfalls eine volksmissionarische ist, hat gleichwohl die Möglichkeit, seinen Herrn glaubwürdig zu machen, also zu verkündigen. Er kann vom

Anknüpfungspunkt aus sorgsam weiterspinnen, bis eine Beziehung entsteht, in der der Patient »sein« Bündnis erklärt hat und damit verstanden und angenommen wurde. Er kann ihm – immer auf seinem Terrain – helfen, die jetzige Krise seines Lebens und auch Bündnisses zu verarbeiten, und wird dadurch zu einem ergänzenden Teil im Innern des Patienten, gleichzeitig zu einem von außen kommenden Boten der Liebe und Annahme Gottes.

3. Wie gefragt sind unsere Besuche?

Das Evangelische Gemeindeblatt für Württemberg veröffentlichte das Ergebnis einer Befragung, die der Landkreis Reutlingen in seinen drei Krankenhäusern in Reutlingen, Münsingen und Urach in den Jahren 1979 und 1980 durchführte.[41] Auf die Frage: »Legen Sie persönlich Wert auf den Besuch eines Geistlichen?« sagten im städtischen Reutlingen nur 24% der Befragten Ja, während in den beiden anderen, mehr ländlichen Krankenhäusern 33% nach einem Seelsorger verlangten. 30% der Befragten in Reutlingen legen der Umfrage zufolge keinen Wert auf Pfarrerbesuche im Krankenhaus, im kleinstädtischen Münsingen nur 16%. Nichts einzuwenden gegen einen Besuch haben in Reutlingen 70%, in Urach 75%, in Münsingen 84%. Bei der Befragung wurde nicht unterschieden nach Konfessions- bzw. Religionszugehörigkeit. Der Landkreis Reutlingen hat eine überwiegend evangelische Bevölkerung.

Was geht aus den Ergebnissen hervor? Sind wir noch gefragt? Werden wir mehr geduldet als gebraucht? Wahrscheinlich dürfen wir uns darüber freuen, daß immerhin 1/4 bis 1/3 der Patienten unsere Besuche ausdrücklich wünschen. Gemessen daran, daß wir im Alltag von weit weniger Patienten direkt angerufen oder angefordert werden, sind die Reutlinger Zahlen ein Beleg dafür, daß die Erwartung weit höher liegt. Und die Ablehnenden? Sind es nicht erschreckend viele? Vielleicht hilft es uns, zu wissen, daß wir nicht zu allen Kranken gehen müssen, in vielen Fällen nicht benötigt werden. Es ist auch gut, respektieren zu lernen, daß wir nicht überall »gut ankommen«, und die Menschen zu achten, die aus mancherlei Gründen in ihrer mo-

41 Evang. Gemeindeblatt f. Württemberg, Jahrgang 1981, Nr. 39, S. 5.

mentanen Situation nichts mit uns anfangen können. Entscheidend bleibt doch das dritte Resultat: 3/4 der Patienten haben nichts gegen unsere Besuche einzuwenden! Die Praxis zeigt, daß sich diese Menschen dann, wenn wir kommen, nicht neutral verhalten (»nichts einzuwenden«), sondern sich freuen. Die Umfrage belegt dadurch vielleicht die Fortexistenz einer volkskirchlichen Struktur. Nicht sehr viele legen ausdrücklichen Wert auf den Besuch, aber die meisten reagieren positiv darauf. Nicht sehr viele sind mit der Kirche so verbunden, daß der Seelsorger einen selbstverständlich wichtigen Platz an ihrem Bett hat, aber sehr viele können mit dem Vertreter ihrer Kirche etwas anfangen.

Krankenhausseelsorge als Hilfe für Körper und Seele

1. Zwiesprache zwischen Körper und Seele im Seelsorgegespräch

a) Krankenhausseelsorge im Vorfeld psychosomatischer Behandlungsweise

In jedem zwischenmenschlichen Kontakt redet der Körper mit, und ist das Auge wichtig. Unsere Sinne reagieren auf den Körperausdruck des Gesprächspartners, wie unser Verstand auf seine Worte reagiert. Außer am Telefon sind wir in Zweierbeziehungen immer auch körperlich miteinander verbunden und leib-seelisch im Gespräch. Niemand braucht eigentlich eine Schulung in Körperwahrnehmung, denn die Gefühle, die ein Gegenüber körperlich ausdrückt, werden von uns auf alle Fälle registriert und aufgenommen. Ein Seelsorger benötigt aber Schulung, um mit der Körpersprache eines Patienten bewußt und soz. kunstmäßig »ins Gespräch zu kommen«. Das geübte Eingehen auf die miterlebte Körpersprache ist nämlich ein unverzichtbares Mittel des einfühlenden Verstehens im Seelsorgegespräch. Wir werden zwar, wie gesagt, sowieso angesprochen durch Mimik und Gestik, Motorik und Stimmausdruck eines andern, aber wir machen uns diese Wahrnehmung oft nicht ausdrücklich bewußt. Im Gespräch am Krankenbett gilt es nun, die empfangenen Gefühle, die vom Körper des Partners ausgehen, in einen Zusammenhang zu bringen mit den verbal ausgedrückten Inhalten. Im allgemeinen korrespondieren Kehlkopf- und Körpersprache, wird das Gesagte von Gesicht, Hand, Fuß und Körperbewegung unterstützt. Es kann aber auch sein, daß ein Gefühl nicht durch Worte, sondern nur durch den »Begleitsprecher« Körper ausgedrückt wird, oder daß der Mund etwas anderes, gar das Gegenteil von dem sagt, was der Körper mitteilt. Nach wem richten wir uns dann? Wer spricht die Wahrheit? A. Adler schon sagte den Satz: »Manchmal irrt der

124

Kopf oder es lügt der Mund, aber die Körperfunktionen sagen immer die Wahrheit.«[42] Wir spüren als »normale« Gesprächspartner solchen Widerspruch immer, werden aber häufig dadurch nur verwirrt und vermögen oft nicht, die Ambivalenz aufzulösen, obwohl »der Körper seine Einwände und Widerstände immer auf jeweils zehn verschiedene Weisen gleichzeitig« ausdrückt.[43] Am Krankenbett wäre es nun ein schlimmes Versäumnis, wenn wir z. B. auf Tränen nicht eingehen würden, die über ein Gesicht rollen, dessen Träger sagt, daß ihm das alles jetzt nichts ausmacht, oder daß er Hoffnung habe, daß alles bald ein gutes Ende nehmen werde. Verbalisierung emotionaler Erlebnisinhalte heißt dann eben auch Verbalisierung der körpersprachlich ausgedrückten Emotionen. Wer es versteht, einem Patienten mit Taktgefühl diese »Begleitsprache« wiederzuspiegeln, die ja seine eigentliche, wahre ist, setzt ihn in die Lage, noch klarer von seinen – vielleicht widersprüchlichen – Gefühlen reden zu können; der kann den Patienten ganzheitlich auf- und annehmen, tiefer verstehen und in eine intimere Beziehung zu ihm kommen.

Diese Bemühung liegt im weiten Vorfeld einer psychosomatisch verstandenen Krankenbetreuung, ist aber doch ein Teil davon. Psychosomatisch verstandene Krankenbetreuung im generellen Sinn meint nichts anderes als das Eingehen auf den ganzen Menschen, ist daher obligate Arbeitsweise des medizinischen und pflegerischen Personals und selbstverständlich auch Arbeitsform der Seelsorge.

b) Seelsorgerlich-psychosomatische Diagnose-Stellung

Wir sind weder Arzt noch Analytiker, aber haben – kraft unserer (geschulten) menschlichen Wahrnehmungsfähigkeit – Anteil an der Erkenntnis psychosomatischer Krankheitsbilder im speziellen Sinn. Die Zusammenschau von körperlichen und seelischen Expressionen, in Verbindung mit immer besserer Erkenntnis der erforschten Krankheitsbilder, macht es uns möglich, eigene Schlußfolgerungen zu ziehen. Gerade weil uns der naturwissenschaftliche, auf das So-

---

42 A. Adler, What Life Should Mean to You, Boston, 1931, S. 297; zit. aus dem empfehlenswerten Aufsatz von Siegfried Essen, Körpersprache und religiöse Erfahrung; in: Wege zum Menschen, 1981, S. 20.
43 Essen, a.a.O. S. 21.

matische abgestellte Diagnoseapparat nicht zur Verfügung steht, entwickeln wir ein schärferes Auge für die Krankheitssymptome, die man ohne technische Geräte erkennen kann, und ein besseres Ohr für die Mitteilungen eines Patienten, der »sich selbst« »äußert«, d. h. sich in seinem leib-seelischen Befinden von innen heraus zu erkennen gibt. Es ist möglich, durch Erfahrung und Studium Charaktere, Konstitutionen und Konfliktkonstellationen von Menschen in den Blick zu bekommen, die notorisch dazu neigen, an psychisch mitverursachten Leiden zu erkranken. Der Seelsorger ist deshalb im Laufe der Zeit in der Lage, bei der Erfassung der Art der psychischen Mitverursachung zu eigenen Analysen und hypothetischen Diagnosen zu kommen. Er wird seine mund- und körpersprachlich gewonnene »Anamnese« samt den Schlüssen, die er daraus zieht, im gegebenen Fall mit dem Arzt besprechen und die Beobachtungen des übrigen Teams zum Vergleich heranziehen. Bei der Weiterarbeit operiert er freilich viel weniger mit der auf diese Weise gewonnenen »objektiven« Diagnose, sondern er kooperiert hauptsächlich mit der »subjektiven«, vom Patienten selbst formulierten Krankheitserkenntnis, die der Hauptanknüpfungspunkt für den Seelsorger bleibt. Die objektive Diagnose dient ihm dabei als Kontrollwissen, und er darf selbst erfühlte, vom Team bestätigte Teile davon im Gespräch mit dem Patienten benützen, wenn der Patient vielleicht danach fragt, oder wenn es wichtig erscheint, daß dieser damit bekanntgemacht wird, wie andere ihn erleben.

c) Seelsorgerlich-psychosomatische Therapie – Ihre Grenzen

Oft steht es schlecht mit der psychosomatisch ausgerichteten Therapie im allgemeinen Krankenhaus! Hat der Seelsorger, der das Defizit fühlt, die Möglichkeit, hier eine Lücke zu füllen? Es gilt nun, vorsichtig zu sein. Diagnose ist leichter als Heilung; Therapie psychosomatisch Erkrankter geht im allgemeinen über die Fähigkeit und Kraft des Seelsorgers, ja oft auch der dafür ausgebildeten Ärzte hinaus. Der Seelsorger sagt sich: Es müssen ja nicht gleich die schweren Krankheitsbilder sein! In der Tat gibt es genug Arbeit im Vorfeld. Können wir nicht z. B. dem Herzinfarkt-Patienten helfen, daß dieser sich selbst in Gesprächsbeziehung zu seinem erkrankten Körperteil setzt, oder dem Alkoholiker, daß er die Rede seiner Leber vernimmt, oder dem Mann mit dem Ulcus, daß er einmal von seinen unerfüllten, ehrgeizigen Wünschen sprechen kann? Ist nicht sogar mancher Krebs seelisch mitverursacht, und wer redet denn mit den Kranken darüber, die das Bedürfnis haben, ihre Eigendeutungen der Krankheit mit jemand durchzureflektieren, wenn nicht der Seelsorger?

Ja, es scheint hier Möglichkeiten zu geben – aber noch mehr Grenzen, und die laßt uns zuerst sehen! Der Seelsorger hat in der Regel keine Zeit und keinen Auftrag zu psychosomatisch-therapeutischen Seelsorgegesprächen. Wenn er etwas tun will, soll es Hand und Fuß haben und in Abstimmung mit dem Team geschehen, und dafür fehlen meist die Voraussetzungen. Auch setzt die fehlende tiefenpsychologische Ausbildung sicher ein Halt-Signal für viele wohlgemeinten Versuche. Dazu kommt etwas anderes: Die meisten Erkenntnisse in unserem Bereich entstehen a posteriori – wenn es eigentlich zu spät ist, und die Krankheit sich zu einem somatischen Prozeß verselbständigt hat, der schwer umkehrbar ist, und dessen Behandlung in erster Linie somatisch ausgerichtet sein muß. Der seelische Anteil kann vom Seelsorger dann meistens nur in dem Sinn berücksichtigt werden, daß er dem Patienten hilft, mit der jetzt entstandenen Lage fertigzuwerden. Heilung durch Einsicht, Umkehr, Neuorientierung, Sieg über die Krankheit durch seelische Behandlung und Reifung bleibt für die Patienten des Allgemeinen Krankenhauses ein seltenes Geschenk. Der rettende »Griff in die Speichen« hätte viel früher kommen müssen. Die psychosomatische Medizin selber hat ja auch weit größere Erfolge in der Erforschung und Analysierung ihrer Erkrankungen als in deren Heilung.

Der Seelsorger soll sich bei allen Besuchen fragen: Was will der Patient von mir und mit mir sprechen? Der Wille des Patienten ist maßgebend, nicht so sehr der des Seelsorgers, der sich überlegt: Was will ich vom Patienten und mit ihm besprechen? Wir drängen dem Patienten keine Richtung auf, auch keine »psychosomatische«. Zwar dürfen wir – für uns – Ziele formulieren, werden sie aber immer überprüfen an der Bereitschaft des Patienten, darauf einzugehen. Der klientenzentrierte, patientenorientierte Umgang mit dem Kranken ist gerade vom Pfarrer genauestens zu beachten und aufrechtzuerhalten, ist der Patient in der Institution Krankenhaus doch schon fremdbestimmt genug.

d) Seelsorgerlich-psychosomatische Therapie – Ihre Möglichkeiten

Wenn nun doch von Möglichkeit gesprochen werden soll, dann deshalb, weil der Seelsorger im Krankenhaus vielleicht eine besonders neutrale Person ist, die sich ohne Druckausübung und ohne Befangenheit auf die Seite des Patienten stellen kann. Ja, wir können uns wohl schon gelegentlich zu Verbündeten der Patienten machen, die selbst damit beschäftigt sind, ihre Krankheit zu verarbeiten und »etwas daraus zu machen«. Wir können uns mit dem Körper der Patienten liebevoll zusammentun und dessen Stimme verstärken, die von der dazugehörigen Seele vernommen werden will. Wir können die Zwiesprache zwischen Körper und Seele so mitbegleiten, daß der Patient immer besser »mit sich selbst einig« wird. Freilich reden wir jetzt wiederum nicht von den klassischen psychosomatischen Erkrankungen, sondern von Fällen im Vorfeld und Umfeld.

Zum Beispiel: Viele Patienten erzählen, was sie durchgemacht haben, und oft sind ihre Berichte Entstehungsgeschichten. Weil ihre Lebenskrisen »nicht in den Kleidern hängenblieben«, reagierte der Körper endlich mit Erschöpfung und Krankheit. Seelsorger, die solchen Lebensberichten aktiv und ernst zuhören, leisten ein Stück psychosomatischer Krankenbetreuung. In der Rückwendung zu seiner Geschichte holt der Patient »sich selbst ein«, erreicht aus der durchleuchteten Erfahrung seine Gegenwart und kann dann Zukunft ins Auge fassen. Das Gespräch mit dem Seelsorger unterstützt den Patienten auf heilsame Weise in seiner Bemühung um Neuanpassung und kräftigt ihn, sein Leben wieder in die Hand zu nehmen.

Weitere Möglichkeiten: Es gibt Patienten, die wirklich von der Botschaft, die ihre Krankheit ihnen sendet, lernen wollen. Wir haben die Möglichkeit, die Lernmotivation bzw. die Bereitschaft der Kranken auf die Signale des Körpers zu hören, zu erkunden. Wir können ihnen Impulse geben, die Sprache der Krankheit für sich zu übersetzen. Diese Rückübersetzung von seelischem Leiden, das sich in körperliche Krankheit konvertiert hat, ist eine subtile Arbeit. Meistens ist ja, wir denken jetzt doch an die klassischen psychosomatischen Krankheiten, die Erkrankung Folge einer Verdrängung, einer Nichtakzeptanz von energetischen Anteilen der Persönlichkeit. Darum hat sich der Seelsorger vor Deutungsangeboten zu hüten, die nicht in Beziehung zu den vom Patienten selbst vorgeschlagenen Lösungswegen stehen.

Wenn der Patient wirkliche Bereitschaft äußert, und wenn Hoffnung besteht, daß das Gespräch mit dem Seelsorger psychotherapeutische Effekte zeitigt, die dann auch zu somatischer Besserung beitragen, kann der Seelsorger – gelegentlich – bei einigen ausgesprochen psychosomatischen Erkrankungen helfende Gespräche wagen. Vielleicht bei Colitis ulcerosa und Morbus Crohn, bei Magen- und 12-Finger-Darm-Geschwüren, bei essentieller Hypertonie und essentiellem Herzinfarkt, bei Rheuma und Gicht im 1. Stadium und nur bei jungen Patienten, ganz gelegentlich bei Krebserkrankungen, wenn es möglich erscheint, daß der Patient gesundoperiert ist, und eine psychische Stabilisierung oder lebensgeschichtliche Neuorientierung eine Rezidiv-Erkrankung verhüten hilft. Wenn wir zur der Ansicht gelangen, daß unser Dienst dem Kranken helfen könnte, werden wir mit dem Team eine Absprache und mit dem Patienten eine kontrakt-ähnliche Vereinbarung zu treffen versuchen. Ein Kontraktverhältnis mit festgelegten Gesprächsstunden kann die Wirkung unserer Gespräche positiv beeinflussen.

2. Zwiesprache zwischen Körper und Seele in der Krankheit

a) Leib-Seelische Beziehungsprobleme

Leib und Seele sind eins und zwei. Ich *habe* einen Körper und ich *bin* mein Körper; ich *habe* eine Krankheit und ich *bin* krank. Der Arzt sieht die Gefäßverengungen im Gehirn, ich spreche aber von *meiner* Migräne. Das Ich ist ein zentraler, schwer zu erfassender Bestandteil der Krankheit. *Victor von Weizsäcker,* der Vater der Psychosomatik, schrieb 1927: »Kann eine Zelle ›ich‹ sagen? Kann ein Molekül, ein Atom, ein Elektron ›ich‹ sagen? Wer ist der, welcher ›ich‹ sagt? Wir lernten nur von Dingen, die ›etwas‹ sind, wir lernten nichts von Dingen, die ›jemand‹ sind. Aber die Sprechstunde beginnt damit, daß jemand sagt: ich bin krank ... Dies erste, was der Patient uns vorbringt, können wir wissenschaftlich nicht verstehen.«[44]

44 V.v. Weizsäcker, Arzt und Kranker, Leipzig 1941, S. 76.

Wer ist dieses ich, der Partner oder Träger des Körpers, können wir sein Wesen genauer erfassen? Die psychosomatische Wissenschaft bestimmt das Ich näher und differenziert es in die Bestandteile »Selbst, Bewußtsein, Unterbewußtsein, Unbewußtes«. Das Ich ist die lebendige Seele mit all ihren Kräften und Inhalten. Das Ich ist ein Gefühls- und Verstandeswesen. Das Ich erlebt Wachstum und Entwicklung. Seine Biographie bestimmt am direktesten mit, ob wir psychosomatisch gesund bleiben oder erkranken.

Nach einhelliger Meinung der psychosomatischen Medizin ist die Ausbildung der Ich-Stärke in früher Kindheit der fast alles entscheidende Faktor. Das Ich muß ein Selbst werden, Selbst-Bewußtsein entwickeln. Zuerst lebt das Kleinkind in symbiotischer Beziehung mit seiner Umwelt. Hier findet es Person-Objekte, die per Übertragung symbiotisch als Teil des eigenen Selbst erlebt werden. Das Kleinkind wird in diesen »Selbst-Objekt-Übertragungen« (so genannt nach dem Psychoanalytiker Heinz Kohut) ich-stark und kann sich im Lauf seiner weiteren Entwicklung allmählich aus dieser stabilen Hülle der ersten Lebensjahre lösen und zum eigenständigen Selbst entwickeln. Voraussetzung dafür ist, daß die Hülle stabil war! Wo aber die frühen Selbst-Objekte nicht in der Lage waren, dem Kleinkind-Selbst Kohäsion, Lebenskraft und Harmonie zu vermitteln, kann sich kein gesundes Ich entwickeln.[45]

Es ist eine allgemeine Beobachtung, daß ich-starke Menschen weniger dazu neigen, körperlich krank zu werden als ich-schwache. Ein körperschwacher Mensch wird andererseits weniger krankheitsgefährdet sein, wenn sein Leib von einem normal-entwickelten Ich beseelt ist.

Von großer Bedeutung für dieses Ich bzw. Selbst ist es nun weiter, daß es seine Gefühle, körperlich und seelisch, wahrnimmt und besitzt, mit ihnen umgehen und sie ausdrücken kann. Die Gefühle, die oft die eigentliche Lebendigkeit des Ich bezeugen und auch eine Brücke zum Körpererleben bilden, sind bei psychosomatisch Erkrankten oft verarmt, und sie können sie nicht kommunizieren. Ein starkes Ich kann erkranken, wenn es vom Körper isoliert leben zu können meint und die Gefühlszwiesprache mit ihm vernachlässigt.

45 Nach Wolf, Bemerkungen zur Theorie und Technik der Analyse von Störungen des Selbst; in: Wege zum Menschen 1981, S. 178.

Herzinfarkt oder Krebs können bei Menschen auftreten, die aus Ehrgeiz oder Verleugnung ihrer Bedürfnisse auf ihren Körper hineinhausen, die ihn ihrem Willen unterwerfen und seine Reaktionen überhören. Näher betrachtet erweisen sich diese Patienten dann doch nicht als ich-stark. Ihr willensstarkes, körperruinierendes Leben ist meist »Leben für andere«, denn das Ich findet in sich selbst keine Befriedigung und keinen Wert.

Das normal-gesunde Ich ist eine lebensvolle Einheit mit seinen Gefühlen und mit seinem Körper. Das nicht gesund entwickelte Ich zeigt bei psychosomatischer Erkrankung häufig eine seltsame leibseelische Dissoziation. Entweder können psychosomatisch Erkrankte nur und ausschließlich in ihren körperlichen Nöten und Bedürfnissen leben und denken, ohne Verbindung zu seelischen Emotionen, oder sie fixieren sich an bestimmte Gefühlsängste und finden keinerlei Verbindung zwischen diesen und ihren körperlichen Symptomen. Leib und Seele sind und bleiben aber ein kommunizierendes System. Dessen Ausdruck sind ja gerade die hier besprochenen Erkrankungen. Wenn die Kommunikation im Bewußtsein nicht mehr stimmt, geht sie, am Bewußtsein vorbei, dennoch weiter. Der Körper konvertiert dann seelisch unterdrückte Regungen in somatische Symptome. Das Ich versteht nicht mehr, was ihm geschieht. Die vernachlässigten Gefühle, der unterdrückte Körper »helfen« sich mit einem letzten Mittel. Werden sie vom »Ich« nun noch verstanden werden können?

b) Lebensgeschichtlicher Augenblick, Entscheidung
   und Sekundärgewinn

Für die meisten Krankheiten, besonders aber für die in diesem Kapitel relevanten, scheinen die drei Faktoren eine große Rolle zu spielen: Wann bricht eine Krankheit aus? Warum bricht sie jetzt aus? Was hat der Kranke davon?
1. Wann bricht eine Krankheit aus? An welchem biographischem Punkt kommt heraus, was sich schon lange anbahnte? Wählt sich der Mensch unbewußt einen dramatischen Moment? Gibt der »lebensgeschichtliche Augenblick« Einblick in eine Höhepunktsbelastung oder eine typische Auslösungs-Situation? Kommt an dieser Stelle kristallklar heraus, was den Patienten immer schon, aber jetzt allzu-

sehr belastet? Meine Krankheit kommt nicht von nichts, sagen viele Patienten. Wenn sie das wissen, ist schon viel gewonnen (z.B. bei Ehegattenverlusten). Mit dem Begriff »lebensgeschichtlicher Augenblick« sind aber mehr solche Zustände ins Visier genommen, deren Genese zunächst nicht einleuchtet, die den Kranken »aus heiterem Himmel« überfallen. Es kann die Aufgabe des Seelsorgers oder des Arztes sein, wenn sie diesen »Augenblick« als erste erkennen und verstehen, den Patienten behutsam in die Logik hineinzuführen, die dazu geführt hat, daß er gerade jetzt erkrankte.

2. Warum bricht die Krankheit jetzt aus? Dahinter steht häufig eine unbewußte Entscheidung, denn der Erkrankte »wollte« erkranken. Es war Zeit, aus der Belastung in die Betreuung überzugehen, denn es war sowieso schon lange zuviel gewesen. Der Mensch, der seine Krankheit eines Tages »braucht«, nimmt sie sich dann auch, damit er in ihr regredieren kann, nicht mehr Verantwortung tragen muß. Der Kranke sagte seiner Umgebung: »Ich kann nicht mehr weiter, bitte kümmert euch um mich!«

3. Was hat der Kranke davon? Neben dem Sekundärgewinn der nun gerechtfertigten Regression gibt es den Sekundärgewinn aus sozialer Anerkennung, nun auf den Status des Krankseins verlagert. Für den Seelsorger sind Patienten, die an ihrer Krankheit nicht »leiden«, sondern sie sozusagen stolz vorzeigen, bekannte Frustrationserlebnisse. Er muß sich aber wohl oder übel darauf einlassen, daß manche Menschen eben nichts mehr haben als ihre Übel, ihre Operationen und Bestrahlungen, ihre gesamten medizinischen »Nahkampfspangen«. Hätten sie diese nicht, wer wären sie denn dann noch? Die beglückende, zum Ersatzlebensinhalt werdende Krankheit ist auch ein psycho-soziales Phänomen der Arztpraxen und ein belastendes, aufreibendes Problem für viele Familien. Manchmal kann der Seelsorger gewinnen, wenn er das Spiel des Kranken auf Dauer nicht mitmacht, sondern zu der verdeckten, meist seelischen Primärkränkung hindurchfindet. Glückliche Patienten brauchen eigentlich keinen Seelsorger.

c) Der Leib als Retter der Seele

Jeder erhält von seinem Körper dauernd wichtige Signale. Viele (z.B. Hunger) sind Zeichen des Leibes für den Leib. Psychosomatische Erkrankungen sind Signale des Leibes für die Seele: Rette mich und Dich! Der Mensch muß seine »Heimat« Körper beachten und schützen, will er nicht mit ihr zugrunde gehen. Er ist deshalb gut beraten, die Signale seines Leibes im Falle der psychosomatischen Erkrankung anzuhören. Die Krankheit des Leibes könnte dann ein Beitrag zur Rettung der Seele sein: Krankheit als Selbstheilung. Herzinfarkt-Patienten kommen oft in der Rekonvaleszenz zum ersten Mal in Jahrzehnten richtig zur Ruhe. Sie lernen, sich zu de-aktivieren und denken darüber nach, was das eigentlich war, dem sie vorher nachgejagt sind. Sie hören auf den »Wink von oben« und stellen sich um. Der Pflichterfüllungs- und Aufopferungs-Ehrgeiz wird als solcher erkannt. Jetzt beginnen sie, in sich selbst zu ruhen und aus sich selbst heraus zu leben: Der Betrieb, die Vereine, die Partei – sie können auch ohne mich weiterexistieren. So wichtig sind sie für mich doch nicht – bloß wegen der schönen Schriften auf all den Kränzen an meinem Sarg. Ich will jetzt für mich selbst leben. Ich bin durch die Krankheit in meinem Ich erstarkt. Der Leib hat meiner Seele geholfen. Krankheit ist hier eine wertvolle biographische Krisenzeit geworden, in der das Ich Zeit hat, in sich selbst zurückzukriechen, um denn geheilt wieder hervorzugehen, stärker, selbstsicherer, reifer als zuvor.

d) Krankheit als Selbstheilung

Es gibt Krankheiten, die nicht so sehr ihren »Besitzer« treffen, um ihn, wenn er die Botschaft hört, von seinen seelischen Fehlhaltungen zu befreien und vor ihnen selbst, den Krankheiten, zu retten, deren Aufgabe vielmehr darin besteht, ihrem Träger zu einer Stabilisierung zu verhelfen, die er offenbar nur mit ihnen und durch sie erreichen kann. Das Buch von Dieter Beck, »Krankheit als Selbstheilung«[46], stellt den positiven Wert von Krankheit in überraschender, unerhörter Klarheit heraus. Seine These: »Körperliche Krankheitens stellen oft einen Versuch dar, eine seelische Verletzung auszugleichen, einen inneren Verlust zu reparieren oder einen unbewußten Konflikt zu lösen. Körperliches Leiden ist oft ein seelischer Selbstheilungsver-

---

46 D. Beck, Krankheit als Selbstheilung, Frankfurt 1981; Nachwort von E. Kübler-Ross.

such.«[47] Die Somatisierung kann eine kreative Ich-Leistung sein, die z.B. dazu beitragen kann, die »narzißtische Homöostase«[48], also das Gleichgewicht des Selbstwertgefühls wiederherzustellen. Im ersten Teil des Buchs wird Krankheit als ein psychodynamisches Moratorium beschrieben, in welchem das Ich in sich selbst zurückkriecht, sich innerlich umstrukturiert, Reparationen »im Bereich des Ich, Über-Ich oder Selbst«[49] vornimmt, um dann gestärkt und erneuert aus dieser schmerzvollen Zeit hervorzugehen. Akute Krankheiten können dienen zur »emotionalen Ich-Erweiterung«, zur »Verlustverarbeitung«, zur »Sühne« oder zur »narzißtischen Reparation«.[50] Wichtig ist, daß die Krankheit zur seelischen Neuerfahrung, inneren Umstrukturierung, Entlastung des Gewissens usw. wirklich führt – sonst mißlingt der Selbstheilungsversuch. Im zweiten Teil des Buchs beschreibt Beck den vielfach Ich-stabilisierenden Charakter chronischer Krankheiten. Diese führen nicht zu einer aktiven Erneuerung, aber helfen vielen Menschen auf geheimnisvoll-paradoxe Weise, mit ihrem Leben auf Dauer zurechtzukommen. Werden den chronisch Kranken ihre Leiden weggenommen, -therapiert, -operiert, so reagieren diese vielfach mit seelischer Desintegration oder suchen sich flugs neue Somatisierungsmöglichkeiten. Chronische Krankheiten »sind eine Ich-Leistung des Kranken und haben prothetische Funktion. Sie sind ein Pfropfen gegen psychische Dekompensation oder der Ersatz für Depression.« Arzt und Seelsorger tun gut daran, manchen Patienten auch unter diesem Aspekt zu verstehen und ihn und seine Krankheit nicht wie Feinde zu entzweien, sondern ihn *mit* ihr einfühlsam anzunehmen und zu begleiten.

3. Ergebnisse psychosomatischer Krankheitsforschung

Es ist im Lauf der Zeit gelungen, Persönlichkeitsprofile zu bestimmten Krankheitsbildern zu erstellen, die verstehen helfen, warum es bei einem bestimmten Menschen zu einer bestimmten psychosoma-

---

47 ebda. S. 11
48 S. 48
49 S. 17
50 S. 18.

tischen Erkrankung kommen konnte. Es bleibt freilich bis auf Weiteres unbekannt, warum Menschen mit ähnlichen pathogenen Voraussetzungen einmal psychosomatisch erkranken, das andere Mal psychoneurotisch, einmal suchtkrank und das andere Mal dissozial werden.

Für den Krankenhausseelsorger, der seine Patienten individuell und generell verstehen will, kann es eine Hilfe sein, einige psychosomatische Persönlichkeitsbilder zu kennen. Er ist dann besser in der Lage, psychische Besonderheiten richtig einzuordnen, kann sich über dem Generellen mehr dem Individuellen zuwenden und, weil er sie unterscheiden kann, in beiden Bereichen vielleicht bessere Hilfeleistung geben.

Wir sprachen von der konstitutiven Ich-Schwäche, die aus bestimmten Defiziten der Primärbeziehungen resultiert, und die als Grundursache der meisten p.s. Erkrankungen angesehen werden darf. Wir verdeutlichen das an Beispielen.

Krebs wurde und wird noch meist nicht unter die p.s. Erkrankungen gerechnet. Es gibt aber Kranke, die mit ihrer Lebensgeschichte und ihrem Persönlichkeitsbild eine psychogene Mitverursachung der Krankheit dokumentieren. Die p.s. Forschung hat das festgestellt, indem sie Krebskrankengruppen mit Kontrollgruppen Gesunder verglich. *K. Lückel* sagt:»Je öfter ich Krebspatienten begleitete, um so nachhaltiger wurde meine Vermutung, Krebs habe etwas mit Selbstunterdrückung zu tun.«[51] – Ich selbst habe viele Patienten kennengelernt, die an einer ausgeprägten Selbstbehauptungs-Schwäche zu leiden schienen. Sie waren noch mit 50 von ihren Eltern abhängig oder verzehrten sich im Dienst an der Gemeinschaft, nie fähig, nein zu sagen. Sie überlasteten sich und opferten sich auf. Ihr Krebs kann vielleicht als»Biß nach innen« bezeichnet werden, weil der»Biß nach außen« nicht gelang. Müßte man nicht auch Krebskranken Psychotherapie anbieten? Wäre es nicht genau so wichtig, einer Frau mit Brustamputation eine Gruppe anzubieten, in der die Mutter-(»Mama-«) beziehung bearbeitet wird, wie, ihr mit Zytostasetherapie zu helfen? Könnte nicht mancher jüngere Darmkrebspatient auch von einer psychischen Behandlung profitieren, die seine Lebensführung und seinen Umgang mit sich selbst ihm erhellt?

51 K. Lückel, Begegnung mit Sterbenden, München 1981, S. 147.

Magen-Geschwüre, die wohl bekannteste psychosomatische Krankheit, gründen auf einem oral symbolisierten Zuwendungsmangel. Liebe, Geborgenheit, Schutz wird in der ersten Lebenszeit über Nahrungszufuhr und den damit verbundenen Körperkontakt vermittelt. Der erwachsene Kranke, der sich auf dem Umweg über beruflichen Erfolg und ehrgeizige Unzufriedenheit die dem Kinde vielleicht versagte Zuwendung, Anerkennung und Geborgenheit erarbeiten will, spürt seinen Mangel immer noch organneurotisch an der Stelle, wo Liebe zuerst hindurchging, am Magen.

Colitis ulcerosa und Morbus Crohn könnten in ähnlicher Weise auf Störungen der frühen Mutter-Kind-Beziehung zurückzuführen sein. Die Patienten wirken übersensibel und abhängig, empfindsam und sicherheitsbedürftig. Sie wollen versorgt werden und reagieren oft mit manifesten Krankheitszeichen auf den Verlust einer Schlüsselperson. Eine leichte Depressivität liegt über ihnen, und, wie meistens, eine gewisse Aggressionshemmung zwischen ihnen und der Umwelt. Sie sind gutwillig-leistungsstrebig, erreichen aber oft ihre zu hoch gesteckten Ziele nicht.

Migräne-Patienten leiden manchmal an rigiden Wertvorstellungen und Ordnungsbedürfnissen. In Versagenssituationen reagieren sie weniger aggressiv als der Durchschnittsmensch. Wenn sie ihre eigenen perfektionistischen Wert- und Leistungsvorstellungen nicht befriedigen können, kann es zu einem Krankheitsausbruch kommen: sie scheitern an ihrem eigenen Anspruchsniveau. Das Bedürfnis nach einer Ur-Ordnung geht sicher auf die Erfahrung einer zu früh gestörten symbiotischen Ur-Harmonie zurück. So leben denn viele Migräne-Patienten in beinahe fusionistischen Ehebeziehungen. Wenn Verschmelzungswünsche in der Ehe überraschend unbefriedigend bleiben, kann die narzißtische Kränkung zum Ausbruch der Krankheit führen.

Asthma tritt bekanntlich schon bei kleinen Kindern auf, die die Mutter mit ihren Anfällen an sich binden wollen, weil sie sich nicht sicher fühlen, ob sie von ihr wirklich beschützt sind. Während Migräne-Patienten nach Untersuchungen oft sehr starke, possessive Mütter haben, die das Kind zu früh antreiben, groß und vernünftig zu sein, haben Asthma-Kinder oft Mütter, die sie vernachlässigen oder unbewußt ablehnen. Sie reagieren auf mütterliche Abwendung mit dem Bedürfnis nach noch mehr Nähe und Anlehnung.

Rheumatiker sind meist selbstlos, tüchtig, unermüdlich und in der Krankheit geduldig. Aggression und Rebellion sind unterdrückt. Die Krankheit legt diese Regungen, die dem Ich verboten sind, in eine Art Zwangsjacke. »Es gibt keine freundlicheren und geduldigeren Patienten als diese. Die klagen nicht, sie machen keine Vorwürfe, wenn nichts hilft. Ich habe immer den Eindruck, als ob sie im Sinn hätten, den Doktor zu trösten und um Verzeihung zu bitten, daß alle seine Bemühungen erfolglos bleiben.«[52]

Zuckerkranke fallen manchmal durch kindlich-liebes Wesen auf. Sie zeigen auch den infantilen Wunsch, zu bekommen und versorgt zu werden. Eine orale Fixierung paart sich häufig mit Adipositas. Der Blutzuckergehalt erhöht sich oft bei emotionalen Spannungen. Die Kranken müssen lernen, bei Versagungen, bei unbefriedigten Ansprüchen nicht die innere Balance zu verlieren.

Herzinfarkt betrifft – wenn nicht die bekannten vier Risikofaktoren ausschlaggebend waren – häufig Manager, Leistungswütige, die innerlich doch immer unbefriedigt bleiben. Sie strahlen manchmal eine Spannung aus, wie stark beherrschte Löwen im Käfig. Ihre Aggressivität »kocht«, ist aber ganz zurückgenommen. Dann können sie paradox unterkühlt wirken, einerseits sehr angepaßt, andererseits aber auch sehr verletzlich. Die innere Sicherheit und Ausgeglichenheit fehlt – auch hier wieder wegen eines frühen Objektverlusts?

Zum Schluß mag gefragt werden, wie es kommt, daß den meisten psychosomatischen Erkrankungen so sehr ähnliche Grundstörungen zugeordnet werden müssen, und was dann die Ursache dafür ist, daß diese sich in so gänzlich verschiedene Krankheiten ausdifferenzieren. Da die Störung im frühesten Alter geschah, erscheint allgemein nur eine tiefenpsychologische Therapie mit dem wichtigen Agieren der Übertragung erfolgversprechend.

---

52 Luban-Pozza, Der psychosomatisch Kranke in der Praxis, Berlin 1977, S. 97.

Die Gesundheit
des Krankenhausseelsorgers

1. Was gesund macht und gesund erhält

Man kann mit gutem Grund diesen Beruf als einen der schönsten, befriedigendsten, freiesten bezeichnen, der den, der ihn ausübt, gesünder macht oder mindestens weit weniger krank macht als viele andere Berufe.

Wir kommen – anders als der Gemeindeseelsorger – wirklich intensiv zum »Eigentlichen«, zum Führen seelsorgerlicher Gespräche. Wir finden Menschen, die uns brauchen können und auf unseren Besuch warten – weit zahlreicher als in der Gemeindesituation. Wir können den ganzen Tag frei über unsere Zeit verfügen und uns mit den Gesprächspartnern ohne Termindruck unterhalten. Es ist wirklich befriedigend, viele Kontakte haben zu können, in denen uns Wärme und Liebe und Dankbarkeit und Hoffnung und Vertrauen und Anhänglichkeit entgegengebracht werden. Die positive Aufnahme bei den meisten Patienten, die rasche Innigkeit der Beziehung, die Freude, wenn wir wieder kommen, das alles sind »gesunde Arbeitsbedingungen«. Wir sind darauf um unserer selbst willen angewiesen, und wir können nur dankbar sein, daß wir unter solchen Bedingungen arbeiten können.

Die Patienten bringen uns meistens direkt Vertrauen entgegen, ohne daß eine große Anwärmphase notwendig wäre. Obwohl wir fremd sind, sind wir auf diese Weise unmittelbar mit einbezogen, und wir tun gut daran, wenn wir zugeben, daß uns das guttut. Ohne Intimität in der Interaktion mit anderen kann kein Arbeitsplatz als »gesund« bezeichnet werden.

Jeder hat solche und solche Tage. Aber weil die guten Erlebnisse doch überwiegen (und oft sind bei uns die schwersten gleichzeitig die tiefsten und schönsten), können wir sicher nicht anders als unseren Beruf als einen befriedigenden und erfüllenden kirchlichen Dienst zu bezeichnen. Dies soll einleitend vor dem Kapitel über die Gesundheit des Seelsorgers stehen, damit das Folgende richtig eingeordnet werden kann.

2. Belastungen eines Einzelnen

Im Folgenden werden Belastungen des Berufs »Krankenhausseelsorger« dargestellt, die der Verfasser dieser Schrift in seiner Berufsarbeit und an sich selbst festgestellt hat:

(1) Ich muß fertigwerden mit einer gewissen *Einsamkeit* in der Personalgemeinschaft; das Gefühl, ein Randläufer oder Einzelkämpfer zu sein und nicht voll dazuzugehören, entmutigt mich immer wieder. Beim Betreten von Stationszimmern habe ich immer neu Hemmungsgefühle zu überwinden; oft sehne ich mich nach der Gruppenintimität der Teams.

(2) Ich muß fertigwerden damit, daß ich fast nie, anders als alle andern, einen Beitrag im Team abliefern kann, deshalb auch *ohne Gratifikation* von Seiten der Mitarbeiter bleibe. Meine Leistung, die ich ja auch vollbringe, verschwindet in den Ritzen des Betriebs. Darum tendiere ich oft dazu, allzugern meine Leistung vorzuweisen oder sehr viel zu arbeiten, damit die andern es sehen. Ich habe Angst, sie könnten denken, daß ich nichts Rechtes arbeite.

(3) Ich muß fertigwerden mit einer gewissen *Rollenunsicherheit* im Konzert der genau verteilten Aufgaben. Wer bin ich für die Mitarbeiter: Priester, Funktionär, Missionar, Sterbehelfer, Psychologe oder am Ende doch auch Seelsorger? Ich habe das Gefühl, daß vielen Mitarbeitern die eigentliche Zielrichtung meiner Arbeit nur wenig klar ist; es macht mir zu viel Mühe, meinen Arbeitsbeitrag immer neu zu definieren und bekanntzumachen.

(4) Ich muß fertigwerden mit der *Häufung von Schwerem*, Ernstem, Traurigem im Krankenhaus. Das Sterben häuft sich, und dort soll ich immer sein, wo es zum Schlimmsten kommt. Die Ohnmachtsgefühle, die Angst, die Betroffenheit, das alles liegt auch auf mir. Ich soll und darf mich ja nicht entziehen. Oft fühle ich mich ausgelaugt, erschöpft und niedergeschlagen.

(5) Ich muß fertigwerden mit der unlösbaren *Spannung zwischen »Fläche und Tiefe«*: Soll ich möglichst viele Patienten oberflächlich oder nur ausgewählte intensiv betreuen? Der Bettenauftrag wird im-

mer zu groß sein – das Problem wird nie abzuschaffen sein. Oft leidet die Qualität unter der Quantität und umgekehrt. Ich komme nie durch und tue immer zu wenig. Kann ich damit leben?

(6) Ich muß fertigwerden mit der *Flüchtigkeit der Beziehungen*. Zusätzlich zu der unzureichenden Eingliederung in die Stationsteams belastet mich der rasche Wechsel der Patienten und wirkt sich auf meine Fröhlichkeit und Zuwendungskraft negativ aus. Ich brauche, wie jedermann, konstante Bezugsgruppen, und ihr Fehlen zehrt an meiner Kraft und Arbeitsfähigkeit.

(7) Ich muß fertigwerden mit der *Instrumentenlosigkeit* des Krankenhausseelsorgers. Außer meiner Person, die ich »hinhalte«, habe ich nichts, das ich zwischen mich und den Patienten stellen könnte. Ich habe kein spezifisches Können, keinen »skill« anzubieten. Der Patient muß »blanco« auf meine bloße Menschlichkeit vertrauen, um sich mir anvertrauen zu können. Daß ich oft so wenig instrumentell arbeiten kann, verursacht bei mir einen Komplex, wenn ich mich mit den Ärzten vergleiche.

(8) Ich muß fertigwerden mit der *Notwendigkeit zur Selbstzurücknahme* beim Patientengespräch. Das ist doppelt schwer, wo ich ja nicht aufgesucht wurde, sondern selbst auf den andern zuging. Ich kann dem andern nur so helfen, daß ich, obwohl dem andern unbekannt, mich noch weiter verberge, indem ich nichts Eigenes einbringe, meine Gefühle und Bedürfnisse verschweige. Dabei geht mir das Gefühl für mich selbst manchmal fast verloren.

(9) Ich muß fertigwerden mit *Leerlauf und Langeweile* in manchen Besuchsstunden. Obwohl ich mich unter quantitativem Druck fühle, kann es völlig spannungslose, leere Besuchsreihen geben. Wenn die Kontakte qualitativ unbefriedigend bleiben, schafft erhöhte Quantität keinen Ausgleich. Wenn es nicht zu befriedigenden Beziehungen kommt, bei denen ich mich selbst wieder menschlich fühlen kann, wird die Arbeit zur selbstwertgefühlsgefährdenden Frustration.

(10) Ich muß fertigwerden mit dem *Gefühl geistlicher Überforderung*. Je schwieriger Patienten dran sind, um so mehr fühle ich mich manchmal als Geistlicher »herausgefordert«, von inneren oder äußeren Erwartungen »angetrieben«, etwas zu geben, was dann eben auch um so schwieriger zu geben ist. Das oft einzig angebrachte geistliche Verstummen des Seelsorgers läßt mich manchmal daran zweifeln, ob ich meiner Aufgabe gerecht werde.

(11) Ich muß fertigwerden mit der *Negierung meiner männlichen Seite* oder mindestens ihrer Zurücknahme. Meine weiblichen Kräfte, (Einfühlung, Annehmen, Mitfühlen, Anpassen) werden viel stärker in Anspruch genommen als meine männlichen (Weisung, Widerstand, Ratschlag, Analyse, Führung). In diesem Amt habe ich nie etwas zu bestimmen und kann nie Ärger oder Aggression äußern. Das ewig Liebevolle kann eine Last werden und zur Erstarrung in Süße führen.

(12) Ich muß fertigwerden mit *totaler körperlicher Inaktivität* bei gleichzeitiger starker seelischer Inanspruchnahme. Ich kann mich während meiner Arbeit nicht körperlich abreagieren. Der energetische Anteil kommt zu kurz. Dadurch schlagen sich Verstimmungen häufig auf die inneren Organe. Nur Muskelarbeit in der Freizeit bringt dann wieder Entlastung.

Was hier geschrieben wurde, ist stark hervorgehoben, bewußt einseitig, gezielt deutlich und scheint in manchem dem zu widersprechen, was weiter oben über die gute Gesprächsführung positiv gesagt wurde. Es lag aber daran, die negativen Erfahrungswerte auch klar herauszuarbeiten, die der Verfasser trotz Schulung und »Seelsorge am Seelsorger« bei sich wahrgenommen hat und noch wahrnimmt, um vielleicht ebenso klare Folgerungen daraus ziehen zu können. Gibt es unter den psychischen Belastungen solche, gegen die man angehen kann? Welche berufsstrukturelle und welche psycho-hygienische Gegensteuerungsmaßnahme läßt sich bei diesem oder jenem Punkt vorstellen? Hat die geschulte Selbstwahrnehmung und Beobachtung der eigenen Gefühle nicht zur Folge, daß wir an bestimmten Stellen »Halt« sagen und Konsequenzen überlegen, die zu einer gesunden Selbstentlastung führen? Jeder Krankenhausseelsorger wird und soll sich über diese Fragen Gedanken machen; am besten befassen sich selbsterfahrungsorientierte Berufskollegengruppen damit. Eine Umfrage bei den Berufskollegen führt zu weiteren Beobachtungen und möglichen Folgerungen. Statt selbst Ratschläge zu geben, wie man mit seinen Belastungen am besten fertig wird, und vielleicht zu beschreiben, wie er es selbst versucht, möchte der Verfasser die Kollegen zu Wort kommen lassen. Aus dem Vergleich ihrer Antworten ergibt sich vielleicht am ehesten eine Vorstellung von »Wegen aus der Gefahr«.

3. Belastungen Vieler und ihre Versuche, sich zu helfen (Umfrage)

Den hauptamtlichen Krankenhauspfarrern in Württemberg wurde folgender Fragebogen geschickt:

1. Welche *strukturellen Faktoren* unseres Dienstes als Seelsorger in der *Institution Krankenhaus* belasten Sie in Ihrer Arbeit und Ihrem Menschsein ganz besonders?
2. Welche *erlebnishaften Momente* in der *Seelsorge an Kranken* belasten Sie in Ihrer Arbeit und Ihrem Menschsein ganz besonders?
3. Wie wirkt sich die generelle oder spezielle Belastung in diesem und/oder jenem Bereich bei Ihnen aus?
   a) Gibt es *körperliche Wirkungen*, die Sie wahrnehmen, und unter denen Sie leiden?
   b) Gibt es *seelische Wirkungen*, die Sie wahrnehmen, und unter denen Sie leiden?
4. Würden Sie sagen, daß die genannten Belastungen und ihre Wirkungen Ihre *Arbeitsfreude und -fähigkeit tangieren?*
   Nein? Ja? Wenn Ja: Ein wenig? Mittelmäßig? Oder stark?
5. Können Sie vielleicht etwas dazu sagen, wie Sie *»psychohygienisch«* zu verarbeiten suchen oder vielleicht *»strukturell«* zu bekämpfen versuchen, was Ihnen menschlich und beruflich das Leben schwer macht?

Die Fragen wurden an 50 hauptamtliche Krankenhauspfarrer versandt. 17 haben den Bogen ausgefüllt, 5 leer (»betrifft mich nicht«) zurückgeschickt, 28 haben nicht geantwortet. 17 beantwortete Fragebögen sind vielleicht nicht repräsentativ, immerhin verbreitern die Antworten unser Wissen von den Hauptbelastungen und den erfolgversprechendsten Gegensteuerungsmaßnahmen. Die Umfrage war anonym; es darf also angenommen werden, daß die Krankenhausseelsorger sich wirklich offen äußerten.

Auswertung der Fragebögen (Mehrfachnennungen waren möglich):

Antworten zu Frage 1: »Welche *strukturellen Faktoren* unseres Dienstes als Seelsorger in der *Institution Krankenhaus* belasten Sie in Ihrer Arbeit und Ihrem Menschsein ganz besonders?«

– Der Seelsorger ist Nebenherläufer, Fremdkörper, Gast im Krankenhaus, hat geringes Mitspracherecht und wenig Möglichkeit zur Teamarbeit, sein Bedürfnis nach Integration wird nicht befriedigt. (7 Nennungen)
– Die große Bettenzahl, die uns zwingt, Quantität auf Kosten der Qualität zu suchen, oberflächlich anstatt in die Tiefe gehend zu arbeiten. (6 Nennungen)
– Belastend wirkt die zu kurze Verweildauer der Patienten, die nur eine geringe Kontinuität des Kontakts erlaubt. (6 Nennungen)
– Der häufige Wechsel von Pflegekräften und Stationsärzten. (3 Nennungen)
– Die Überbetonung des medizinisch-naturwissenschaftlichen Aspekts, die Alleinherrschaft der organisch-somatischen Denkweise. (3 Nennungen)
– Schwierigkeit, in Mehrbettzimmern wirklich sinnvolle Gespräche zu führen (3 Nennungen)
– Außerdem: Einseitigkeit des Kontakts nur mit Patienten, kaum mit Angehörigen (2x); Hierarchische Struktur im Krankenhaus (2x); Störung der Seelsorge durch die vielen Arbeitsvorgänge in der Klinik (2x); Tatsache, daß alle Initiativen vom Pfarrer ausgehen müssen (1x); schlechter Informationsfluß hin zum Seelsorger; Verzettelung der Seelsorgebesuche in mehreren Häusern; Rollenungewißheit des Seelsorgers im Verein der übrigen Heil- und Pflegeberufe; Ärger mit dem Personal, das die Patienten nicht zum Gottesdienstbesuch auffordert; zu lange Besuchszeit; Spannungen mit dem Kollegen von der andern Konfession (je 1x).

Antworten zu Frage 2: Welche *erlebnishaften Momente* in der *Seelsorge an Kranken* belasten Sie in Ihrer Arbeit und Ihrem Menschsein ganz besonders?
– Gefühle der Hilflosigkeit und Ohnmacht, menschlich und geistlich, angesichts von Leid, schwerer Krankheit, Sterben und Tod; Helferohnmacht angesichts von aussichtslosen Fällen, von Schmerzen und Ängsten, die der Patient alleine aushalten und durchstehen muß. (11 Nennungen)
– Kommunikationsprobleme mit Sprachlosen auf Intensivstationen; Sinnängste, wenn man selber geistlich redet, Schuldängste, wenn man diese Patienten nicht versteht. (3 Nennungen)

– Sprechen mit alten Menschen oder sterbenden Patienten, die verbal kaum noch zu erreichen sind. Gerufen werden, wenn es zu spät ist, kein Kontakt mehr entstehen kann. (je 2 Nennungen)
– Im Themenzusammenhang Schwerkrankheit, Sterben und Tod wurden weiter (je 1x) folgende Belastungen genannt: Das Übertherapieren und Nicht-Sterben-lassen-Können, das wir bei manchen Ärzten erleben; schweres Leiden vor allem jüngerer Patienten; Gespräche über Tod und Sterben, wenn sie ganz konkret und direkt werden; nicht greifbare Ängste besonders bei Angehörigen von Schwerkranken; Ablehnung der Seelsorge an Sterbenden durch die Angehörigen; Unmöglichkeit der Trauerarbeit mit Angehörigen.
– Weitere Einzelnennungen: Gesprächsunwilligkeit von Suizidpatienten; Hemmungen, bei Kindern geistliche Angebote zu machen; Leerlauf: 10 Zimmer und kein einziges gescheites Gespräch!; Gespräche mit Verursachern oder Opfern von Verkehrsunfällen; Gleichgültigkeit gegenüber geistlichen Fragen beim Patienten; frömmelnde Abwehrmechanismen und Reden in Allgemeinplätzen, wodurch Menschen vermeiden, sich mit Krankheit auseinanderzusetzen; Ablehnung des Pfarrers durch Patienten; Nichtakzeptiert-werden von manchen Ärzten; Unerreichbarkeit vieler junger Patienten in der Unfallchirurgie; zu enge, feste Rollenerwartungen frommer Patienten.

Antworten zu Frage 3: Wie wirkt sich die generelle oder spezielle Belastung in diesem und/oder jenem Bereich bei Ihnen aus?
a) Gibt es körperliche Wirkungen, die Sie wahrnehmen, und unter denen Sie leiden?
– Gelegentliche Ermüdung (9 Nennungen—; Schlafstörungen (3 Nennungen); Schlaflosigkeit (2 Nennungen)
– Antriebslosigkeit, Unlust (2 Nennungen)
– Störungen im Eßverhalten: Heißhunger, Eßsucht; Magenübersäuerung, Blähungen, Darmstörungen (4 Nennungen)
– Herzklopfen, Herzschmerzen (2 Nennungen)
– Jeweils einmal genannt: Verspannungen; Beengung oder Beklemmung; Kopfweh; Hals- oder Ohrenbeschwerden; Hitzewellen und Frösteln der Haut; Juckreiz auf der Haut; starker Gewichtsverlust.
b) Gibt es seelische Wirkungen, die Sie wahrnehmen, und unter denen Sie leiden?

– Depressive Verstimmungen (8 Nennungen); außerdem – mit schwächeren Begriffen –: Gefühle der Unlust oder Resignation oder des Versagens oder der Trauer (4 Nennungen)
– Isolationsgefühl, Einsamkeit (2 Nennungen)
– Einzelnennungen: Mangelnde Geistesgegenwart; Selbstmitleid; Reizbarkeit; Machtlosigkeit; Mutlosigkeit; Aggression; Anspruchshunger gegenüber Ehepartner und Familie; Unruhe; die Realität nur noch unter dem Aspekt des Leidens und des Leids sehen können.

Antworten zu Frage 4: Würden Sie sagen, daß die genannten Belastungen und ihre Wirkungen Ihre Arbeitsfreude und -fähigkeit tangieren?
– Ja, und zwar ein wenig: 8 Nennungen
– Ja, und zwar ein wenig bis mittelmäßig: 4 Nennungen
– Ja, und zwar mittelmäßig: 4 Nennungen
– Ja, und zwar stark: 0 Nennungen
– Nein: 0 Nennungen

Antwort zu Frage 5: Können Sie vielleicht etwas dazu sagen, wie Sie zu verarbeiten oder zu bekämpfen versuchen, was Ihnen menschlich oder beruflich das Leben schwer macht?
a) Versuche, die Belastungen »psychohygienisch« zu verarbeiten
– Teilnahme an einer Gesprächsgruppe (5 Nennungen); an einer Verbatimgruppe (2x); an einer Fortbildungsgruppe, z.B. Klinische Seelsorgeausbildung (2x); Gespräch mit Kollegen (6x); Gespräche mit vertrauenswürdigen Mitarbeitern (4x); Gespräche mit dem Ehepartner (3x); Einzelsupervision (3x)
– Intensives Leben in der Familie, mit Frau und Kindern und Freunden (3x); Kochen, Gäste haben, Geselligkeit (3x)
– Musik hören und machen und Chorsingen (6x); Wanderungen, Ausgleichssport, Gartenarbeit (6x)
– Einzelnennungen: Theologische Weiterarbeit; Spaziergänge; Gebet und innere Fürbitte; eigene Glaubenserfahrungen suchen; Lesen von Fachliteratur; Romanlesen.
b) Versuche, die Belastungen »strukturell« zu bekämpfen:
– Je einmal genannt: Gespräche mit Ärzten und Mitarbeitern suchen: Gespräche mit Klinikleitung und Chefärzten suchen; an Mitarbeiterbesprechungen teilnehmen; die Struktur des eigenen Dienstes mit dem Personal besprechen.

– Weitere Einzelnennungen: In der Fortbildung mitmachen; sich die Zeit einteilen und sich einen Wochenrhythmus schaffen; Schwerpunktstationen suchen, in denen man besser integriert ist; gegen zu große Bettenzahlen Mitarbeiter suchen; bessere Zusammenarbeit auf allen Ebenen zu erreichen versuchen.

4. Diskussion der Umfrage-Ergebnisse

a) Die Belastungsfaktoren

Sowohl bei den Antworten zur beruflich-institutionellen Arbeitssituation (Fr.1) wie bei denen zur erlebnishaften Belastung durch die Besuche am Krankenbett (Fr.2) gibt es Schwerpunkte, die die wichtigsten Belastungsfaktoren deutlich werden lassen. Handelt es sich im 1. Bereich um die schwierige gruppendynamische Arbeitssituation des Krankenhausseelsorgers, so im 2. um die »Leidlastigkeit« dieses Berufs. Die Pfarrer haben auf Frage 1) 22 mal in verschiedener Form so geantwortet, daß die innerbetriebliche Verlorenheit als Hauptbelastung hervortritt. Sowohl in Bezug auf die Zugehörigkeit zum Mitarbeiterstab, wie auch in Bezug auf konstante Kontakte zu den gemeinsamen Klienten sind die Seelsorger benachteiligt. Sie müssen ohne feste Bezugsgruppe leben, und weil das im Innen- *und* Außenbereich so ist, wirkt es belastend und die Arbeitsfähigkeit beeinträchtigend. Die mangelnde Integration in die Stationsteams und die oft zu geringen Zusammenarbeitsmöglichkeiten sind, der Umfrage zufolge, im Vergleich zu der Verlorenheit des Seelsorgers im Vielbettenhaus mit seiner hohen Patienten-Fluktuation die noch schwerere Belastung. – In der Begegnung mit den Kranken (Frage 2) werden Leid, Sterben und Tod mit ganz großem Abstand vor anderen Faktoren genannt (24mal). Die Antworten auf Frage 2) weisen den Seelsorger als einen Menschen aus, der durch seine Ausbildung oder durch seine religiöse Überzeugung keineswegs über die Erfahrung tiefster Betroffenheit und Hilflosigkeit erhaben ist. Weil der Seelsorger ja vor allem schwerer Kranke besucht und sowohl dem Gespräch über das Sterben wie dem Sterben selbst grundsätzlich nicht ausweicht, ist er die Person im Krankenhaus, die mit dem Tod gefühlsmäßig am intensivsten umzugehen hat. Der Leidbereich, in welchem wir unsere wichtigsten und wohl auch befriedigendsten Kontakte haben, ist gleichzeitig die Quelle der schwersten Dauerbelastung. Es könnte Zeichen einer guten Entwicklung sein, daß Krankenhauspfarrer sich heute eingestehen, daß auch sie sich angesichts von Leid, Schmerzen und Tod hilflos und ohnmächtig fühlen, und daß Glaube und Hoffnung dagegen nicht feien.

b) Die emotionale Reaktion

Bei den körperlichen Auswirkungen fallen zwei ins Gewicht: Ermüdungserscheinungen und Schlafstörungen (insgesamt 14 Nennungen), außerdem Störungen im Bereich der Nahrungsaufnahme und Verdauung (4 Nennungen, bzw. 5, wenn man den Gewichtsverlust hier mit einrechnen darf). Warum ist der Seelsorger so müde? Hängt es zusammen mit Streß – aber dieser weckt doch auf! Ärzte, von denen nachts plötzlich eine Hochleistung verlangt wird, fühlen sich dabei nicht müde. Oder ist es ein Streß des »Nicht-Gebraucht-Werdens«? Wirkt die Arbeit, bei der der Seelsorger immer alle Türen zu öffnen, alle Initiativen zu ergreifen hat, anstrengend? Ermüdet die »Leidlastigkeit« des Krankenhauses? Fehlt dem Seelsorger Ausgleich in der Form von harmlosen Späßen, Flaxerei, Gelächter in den Teamgruppen? Macht Einsamkeit müde? Vielleicht alles zusammen. – Seelsorger, die über Mund, Magen und Darm auf ihre Belastung reagieren, weisen wahrscheinlich auf das Problem der mangelnden Anerkennung und Integration ihrer Arbeit und Person hin. Sie fühlen sich »hungrig«, angenommen und geliebt zu werden, brauchen Beachtung und Geborgenheit. Natürlich können sich auch viele unverdaulich schwere Erfahrungen auf den körperlichen Zustand auswirken. Wahrscheinlich ist aber auch hier die gruppendynamische Benachteiligung des Seelsorgers ausschlaggebender als die Erfahrung von Leiden und Tod.

Bei den eigentlich seelischen Auswirkungen ragen depressive Verstimmungen heraus (12 direkte Nennungen; dazu gerechnet werden dürfen vielleicht noch 4 weitere: Isolationsgefühl, Einsamkeit, Machtlosigkeit, Mutlosigkeit). Bei keiner Einzelfrage ist das Schwergewicht der Antwort so eindeutig bei einem einzigen Thema. Die Faktoren, die die depressiven Verstimmungen auslösen, sind jetzt klar: Es sind eben die beiden obengenannten Hauptlasten, die der

147

Seelsorger zu tragen hat. Man kann fragen, ob es auf Dauer guttut, wenn »depressiv Verstimmte« von Zimmer zu Zimmer gehen. Oder wird die normale emotionale Kraft doch nicht zu sehr von diesen Störungen beeinträchtigt? Auf Frage 4 geben die Seelsorger eine Antwort, die hoffnungsvoll stimmt: Durchschnittlich fühlen sie sich durch ihre Belastungen in ihrer Arbeitsfreude und -Fähigkeit »wenig« tangiert, mit einer gewissen Tendenz nach »unten«, hin zu »mittelmäßig«.

c) Die gegensteuernden Maßnahmen

9 Nennungen für Gruppengespräche als Ausgleich, 16 für Einzelgespräche, 6 für Familie und Geselligkeit: Die Seelsorger brauchen, suchen und finden Gemeinschaft. Die konstanten Gruppen und die verläßlichen Bezugspersonen sind das offenbar wichtigste Gegengewicht gegen die gruppendynamische Benachteiligung des Seelsorgers, bieten ihm aber auch unersetzliche Möglichkeiten zur Entlastung von seinen deprimierenden Begegnungen im Krankenhaus. Auffallend oft sind auch musische Beschäftigungen zur Rückgewinnung der Harmonie und Sport, Körperarbeit und Wandern zur Entlastung von Spannung und zur Gewinnung des seelisch-körperlichen Gleichgewichts genannt. Es erscheint als erfreulich, daß Krankenhausseelsorger heute wissen, was sie brauchen, um sich gesund zu erhalten, und daß es genug Gruppenangebote gibt, die uns psycho-hygienisch helfen, uns unsere Gefühle verdeutlichen, uns Trost und Halt geben, aber auch der Fortbildung dienen. Ebenso wichtig sind Vertrauenspersonen, sowohl im Kreis der Krankenhausmitarbeiter wie außerhalb. Nicht unerwähnt bleiben dürfen bei »Psychohygiene« Gebet, theologische Weiterbildung, Beschäftigung mit der Predigt. Sie helfen dem Seelsorger, der dauernd »aus ist auf«, zu sich zu kommen, in sich zu ruhen, sich geistlich und geistig zu sammeln, Kraft zu gewinnen.

Vergleichsweise wenig ist den Seelsorgern zur »strukturellen« Gegensteuerung eingefallen. Die Gespräche auf allen Ebenen der Krankenhausmitarbeiterschaft bleiben ohne konkretes Ziel. Sie sind freilich ein Wert in sich. Große Änderungen seiner Lage kann der Seelsorger kaum erwarten. Die Bemühungen um bessere Integration stoßen immer an Grenzen, sind deshalb aber nicht unwichtig. Vielleicht sollte der Seelsorger sich eine »Beirats«-Gruppe aus Krankenhausmitarbeitern schaffen, die sich zweimal im Jahr trifft, deren Besetzung wechselt, die ihm helfen könnte. Diese Gruppe würde z.b. seine Zusammenarbeitsversuche begleiten und ihm dabei Feedback geben; sie könnte ihm Impulse zukommen lassen, die Strukturen seiner Arbeit zu ändern und zu bessern.

5. Schlußbemerkungen

Der »gesunde Seelsorger« nimmt seine Selbsterfahrung ernst und beachtet die Bedürfnisse, die er als »Mensch wie alle andern« hat. Er ist ein Leibwesen und achtet auf sein leibliches Leben, seine körperliche Stabilität. Er ist ein Seelenwesen und nimmt wahr, was er psychisch braucht: Entlastung, Anerkennung, Gratifikation, Harmonie, Hoffnung, Freude. Er ist ein Gemeinschaftswesen und sucht die consolatio fratrum ebenso wie die menschlich-warme Verbindung zu den Mitarbeitern seines Abeitsplatzes, weil er ein Recht darauf hat. Er ist ein geistig-geistliches Wesen und hat Anspruch auf geistige und geistliche Selbstbeschäftigung und auf eine gesunde, versöhnte Gottesbeziehung.

Es ist für den Krankenhausseelsorger nicht einfach, seine psychische Balance zu bewahren. Er dramatisiert nicht, wenn er sagt, daß er so viel mit Tod und Sterben zu tun hat, denn sehr häufig schließt sein Gespräch die »letzte Dimension« ein, keineswegs nur bei unheilbar Kranken. Er übertreibt nicht, wenn er sagt, daß er sich oft schwach und unsicher fühlt, denn die Ohn-macht und Schwachheit, mit der er sich im Gespräch dem Patienten zuwendet, ist eine Eigenart seiner Arbeit von Haus aus.[53] Angesichts der psychischen Belastungen ist der Seelsorger besonders darauf angewiesen, sich nicht zu übernehmen und immer wieder Entlastung zu suchen. Er soll wissen, daß er nicht alles selbst verkraften kann, und soll das Wissen in gelebte Wirklichkeit übersetzen, »daß gerade Seelsorger der Lösung, Ablösung und Erlösung besonders bedürfen.«[54]

53 *Piper* bringt die Entäußerung von Macht (Kenosis), die er das Proprium der Seelsorge nennt, in Zusammenhang mit der paulinischen Asthenesia 2. Kor. 12,9. In: Macht und Ohnmacht... S. 296.
54 Richard *Rieß*, Seelsorge, Göttingen 1973, S. 93.

In diesem Zusammenhang sei noch einmal an das Spannungsverhältnis von rogerianischer »Haltung« und »Echtheit« erinnert. Die »positive Wertschätzung und emotionale Wärme« kann zur Fassade erstarren, wenn der Seelsorger nicht auf sein Schutzrecht achtet. Er braucht nicht mehr Wärme und Teilnahmsfähigkeit entgegenzubringen als er hat. Er darf seine Ich-Stärke einsetzen, um einmal Nein zu sagen, wenn es wichtiger für ihn ist, daß er sich zurückzieht, um sich zu erholen.

Zum Schluß mag die Frage gestellt werden, welcher Persönlichkeitstyp den Belastungen der Seelsorge im allgemeinen Krankenhaus am besten gewachsen ist. Könnte die Vielfachnennung bei »depressiven Verstimmungen« auch darauf hindeuten, daß manche Krankenhauspfarrer zum depressiv veranlagten Persönlichkeitstyp gehören? Solche Menschen haben ja bekanntlich eine große Kontakt- und Zuwendungsfähigkeit. Manchmal aber gehen sie im andern auf und überspringen den eigenen Erschöpfungspunkt. Sie sind sehr altruistisch und übernehmen viel, gelegentlich auch sich selbst. Latente Allmachtsphantasien korrespondieren dann mit starken Ohnmachtserlebnissen. Jeder Krankenhausseelsorger sollte sich mit dem bekannten »Helfersyndrom« auseinandersetzen, d.h. mit seiner eigenen Bedürftigkeit, gebraucht zu werden. – Wäre dann der sog. schizoide Persönlichkeitstyp besser geeignet, der es fertigbringt, sich fremdes Leid eher vom Leibe zu halten, der sich zurückhält und nicht noch dafür wirbt, in besonders belastenden Fällen gerufen zu werden? Er hat den Nachteil, daß seine Kontaktaufnahme zu Mitarbeitern und Patienten noch mehr von Hemmungen überlagert wird. Sein Mitgefühl ist oft eher das eines Analytikers, und er kann seine Betroffenheit nicht richtig in Beziehung übersetzen. Vielleicht wird er aber insgesamt etwas besser mit den Belastungen der Arbeit fertig als der oben beschriebene, vor allem, wenn er seine gute Wahrnehmungsfähigkeit verbinden kann mit einem Charakterzug des sog. hysterischen Persönlichkeitstypus, nämlich der Fähigkeit, sich schnell und leicht mit vielen Menschen zu verbinden. So etwa scheint es Ruth *Führer* zu meinen, die in einem älteren Buch über Krankenhausseelsorge und mit Jung'schen Persönlichkeitskategorien folgendes sagt: »Am besten wird ein vorwiegend extravertierter Empfindungstyp sich in solch einer fluktuierenden Arbeit zurechtfinden. Jedoch ist hierbei ein starker ›Einschlag nach innen‹ als Ergänzung erforderlich. Denn jedes Gespräch erfordert innere Stille. Wer als Pfarrer nicht aus einem ›inneren Raum der Stille‹ ins Krankenhaus kommt, kann auch keine Stille abgeben... So müssen Kontaktfreudigkeit und innere Stille einander die Hand reichen. Erfahrungsgemäß kommt man zu dieser inneren Haltung erst Mitte der 40.«[55]

55 Ruth Führer, Besuch und Seelsorge im Krankenhaus, Göttingen 1960, S. 44f.

Der Platz des Seelsorgers
in der Institution Krankenhaus

1. Gesetzliche Verankerung und Dienstauftrag

»Der Rocher de bronce der Krankenhausseelsorge ist Art. 140 des Bonner Grundgesetzes in Verbindung mit Art. 141 der Weimarer Reichsverfassung, die in soweit Bestandteil der Bundesverfassung ist.«[56] »Soweit das Bedürfnis nach Gottesdienst und Seelsorge im Heer, in Krankenhäusern, Strafanstalten oder sonstigen öffentlichen Anstalten besteht, sind die Religionsgesellschaften zur Vornahme religiöser Handlungen zuzulassen.«

Dieses Gesetz sichert das Recht der Kirchen auf seelsorgerliche Versorgung der Patienten in Krankenhäusern, schützt aber die Institutionsinsassen gleichzeitig vor religiösen bzw. kirchlichen Übergriffen, indem Zwang oder eine nicht an den Bedürfnissen der Kranken orientierte Seelsorge ausgeschlossen wird. Die positive und negative Religonsfreiheit ist im Art. 4 in Verbindung mit Art. 19 III des Bonner Grundgesetzes noch stärker herausgearbeitet als in der Weimarer Reichsverfassung. Gegen seinen Willen darf niemand mit Seelsorge, Andacht und Gottesdienst bedient werden. Doch kann der Seelsorger mit der Hilfe des Krankenhauses rechnen, die ihm den Besuch bei den Angehörigen seiner Religionsgemeinschaft erleichtert. Durch die überkommene Praxis, nicht durch eindeutigen Gesetzestext, ist damit die Erlaubnis zu Reihenbesuchen mitgemeint, die im Falle des haupt- oder nebenamtlichen Seelsorgers auch im Sinne des Krankenhauses sind, welches seiner Berufung zustimmt.

Neue Datenschutzbestimmungen haben inzwischen einige Krankenhausverwaltungen veranlaßt, bei der Aufnahme der Patienten darauf

---

56 Hans Jüngel, Die rechtl. Grundlagen der Seelsorge im Krankenhaus. Zeitschrift »Ev. Krankenpflege« 1970, Heft 2, S. 5.
Vgl. hierzu: Josef Mayer-Scheu, Seelsorge im Krankenhaus, Mainz 1977, S. 77, Abschn. »Die Religionsfreiheit und die Rolle des Seelsorgers im therapeutischen Team«.

zu verzichten, nach der Religionszugehörigkeit zu fragen. Oder sie verweigern dem Seelsorger die Einsicht in die Patientenlisten mit den Konfessionsvermerken. Der Seelsorger soll dann keine auswahllosen Besuche mehr machen, sondern auf Anforderung kommen. In der Praxis gilt aber heute im Allgemeinen der Geist der Ausführungsrichtlinien zu Art. 141 Weimarer Reichsverfassung, in welchen für das Land Preußen 1930 festgestellt wurde:

»1. Die Krankenhausverwaltungen haben bei der Aufnahme der Kranken die Zugehörigkeit zu einer Religionsgesellschaft festzustellen und zu vermerken. Lehnt ein Kranker die Antwort auf die Frage nach seinem Religionsbekenntnis ab, so darf auf ihn kein Zwang ausgeübt werden. Eine Frage, etwa in dem Sinn, ob der Kranke religiöse Betreuung wünsche oder nicht, ist sowohl bei der Aufnahme als auch später zu vermeiden.

2. Dem zuständigen Geistlichen ist auf Wunsch Einsicht in die Liste zu geben, in der die Zugehörigkeit zu einer Religionsgemeinschaft vermerkt ist, damit sie von den Kranken, die ihrer Religionsgesellschaft angehören, Kenntnis erhalten. Zwecks Vornahme religiöser Handlungen ist den Geistlichen zu Kranken ihrer Religionsgesellschaft Zutritt zu gestatten.

3. Die Krankenhausverwaltung hat mit den Geistlichen regelmäßige Besuchszeiten zu vereinbaren, in denen ein Besuch der Geistlichen die ärztliche und pflegerische Versorgung der Patienten nicht stört, die aber mit den allgemeinen Besuchszeiten nicht zusammenfallen dürfen...«

Diese erstaunlich weitgehenden Anweisungen sind Grundlage der Arbeit der meisten Krankenhausseelsorger geblieben. Eine gesetzliche Klärung der Vereinbarkeit von Datenschutz und Datenweitergabe an den Seelsorger, der ja auch sonst in ziemlichem Umfang ins Arztgeheimnis und deshalb auch in die ärztliche Schweigepflicht einbezogen ist, steht zu erwarten.

Neben den staatskirchenrechtlichen Gesetzesgrundlagen gibt es Arbeitsrichtlinien für Krankenhausseelsorger von manchen Landeskirchen oder Klinikpfarrkonventen, natürlich auch Dienstanweisungen der Kirchenbezirke für die in ihrem Bereich stattfindende Krankenhausseelsorge und Dienstanweisungen konfessioneller Krankenhäuser für ihre hauseigenen Seelsorger.

Die württembergische Landeskirche hat 1959 eine 5seitige »Hand-

reichung für den Krankenhauspfarrer« erlassen, die auch Ordnungs-
vorschriften für die Amtsführung enthält. Gliederung: I. Der Auftrag; II. Der Besuchsdienst; III. Gottesdienste und Kasualhandlungen; IV. Beziehungen zum Krankenhaus und zur Gemeinde. Kenn-
zeichnend für die Handreichung ist die dem damaligen Seelsorgever-
ständnis entsprechende Dominanz der Wortverkündigung und die
Unterlassung der Reflexion über die Einbindung des Pfarrers in die
Arbeit und Organisation des Krankenhauses, der dann ganz der Gemeinde verpflichtet bleibt:»Der Krankenhauspfarrer soll sich als
Vertreter der Orts- (und Bezirks-)Gemeinde im Krankenhaus wissen... alle Seelsorge und Wortverkündigung in Krankenhäusern...
kommt von der konkreten Gemeinde her und zielt auf die konkrete
Gemeinde hin. Sie (gemeint ist doch wohl: die Seelsorge; Erg. vom
Verf.) soll individuelle, im Gang des Kirchenjahrs entsprechende
Wortverkündigung sein in der biblischen Vielfalt als Zuspruch und
Tröstung, Mahnung und Aufmunterung, Sinnerhellung und Ruf
zum Glauben.« Man spürt den Worten noch stark das Gefälle zwischen dem hoch aufgerichteten, sich im Grunde doch nicht herablas-
senden Wortverkündiger und dem daliegenden Patienten an, der zum
Objekt eines Dienstes wird. Dementsprechend soll der Seelsorger bemüht sein, die Mitarbeit des Personals für seinen Dienst zu gewinnen, das sich diesem unterordnet. Eine andere Art der Einordnung
des seelsorgerlichen in den pflegerischen und ärztlichen Dienst
konnte 1959 noch nicht in den Blick kommen.[57]
Der Seelsorger selbst sollte nach Möglichkeiten Ausschau halten, wie
er seine Arbeit in ein engeres Verhältnis zur Institution bringt, in
welchem beide Seiten mehr aneinander gebunden werden. Er könnte
Strukturen zu schaffen suchen, die ihn selbst stärker in die Verantwortung nehmen, aber auch die Institution verpflichten, Verantwortung und Fürsorge für ihn zu übernehmen. Ein jährlicher Rechen-
schaftsbericht, der nicht nur vor einem kirchlichen, sondern auch vor
einem krankenhausinternen Beirat abzulegen wäre, könnte ein wichtiger Schritt in diese Richtung sein.
Deshalb sollte der Seelsorger auch die nichtkonfessionellen Kranken-
hausleitungen dazu bringen, mit ihm zusammen Arbeitsrichtlinien
zu entwerfen, die den Bedürfnissen der Patienten aus der Sicht der

---

57 Amtsblatt der Evang. Landeskirche in Württemberg, Bd. 38 von 1959, S. 81ff.

Institution gerecht werden. Solche Richtlinien sollten den kirchlichen Dienstanweisungen gleichberechtigt an die Seite gestellt werden.

2. Standortsuche für die Seelsorge in der Institution

Zu Recht bemängelt Peter Frör, daß die Zuordnung der Seelsorge zur Institution Krankenhaus in den Dienstanweisungen zur mangelhaft reflektiert ist.[58] Es wird zwar von einer möglichst weitgehenden Zusammenarbeit zwischen Seelsorger und medizinischem Personal gesprochen, diese wird aber weder sachlich näher bestimmt noch theologisch begründet. Sieht sich der Seelsorger eingeordnet in die heilenden und pflegenden Dienste oder nicht? Orientiert er sich bei seiner Arbeit mehr an den Zielen der Kirche oder an den Zielen der Institution? Wie verarbeitet er seine relative Betriebsfremdheit bei der Standortsuche? Wird er versuchen, sich dem säkular-medizinischen Betrieb anzupassen und dann seine theologisch-kirchliche Identität preisgeben, oder wird er, am übrigen heilenden Bemühen vorbei, seine Zuflucht nehmen in der Darstellung einer andern, der kirchlichen Welt im Krankenhaus? Wie er sich auch entscheidet, er wird spüren, daß ihm das institutionelle Gewicht der Kirche in der Gesellschaft hier im Krankenhaus wenig nützt, aber genauso, daß er nicht an der institutionalisierten Macht der Medizin teilhat. Die Standortsuche und Rollenvergewisserung ist also schwierig – aber niemand nimmt dem Seelsorger die Verantwortung dafür ab, auch künftige, hoffentlich bessere Dienstanweisungen nicht. Er selbst muß seine »institutionelle« Identität ausformen und seinem Arbeitsplatz innerhalb des Krankenhausbetriebs Profil und Gewicht zu verschaffen suchen. Dabei gilt: Er soll seine bleibende relative Fremdheit nicht zum Anlaß nehmen, sich auf seinen exklusiven Dienst zurückzuziehen, sondern ein Interesse an der Institution spüren lassen und alles daran setzen, seine Ar-

---

58 Frör zitiert ein Papier zum »Berufsbild des hauptamtlichen Krankenhauspfarrers« der Evang. Kirche von Westfalen, in dem es auch nur heißt: »In der Sorge um den Menschen trifft der Krankenhausseelsorger sich auch mit den Aufgaben und Zielen der therapeutischen Dienste.« In: Frör, Seelsorge und Institution; Wege zum Menschen 32 (1980), S. 18.

beit im Rahmen der Institution, d. h. in Beziehung zur Arbeit des heilenden Teams zu sehen und zur Geltung zu bringen. Auch wenn sein eigener Beitrag niemals verrechenbar ist mit der Leistung des Teams, sollte er in diese Leistung eingebettet werden, damit die Einheit aller heilenden Bemühungen hervortreten kann.

Es geht offenbar darum, die *Eigenständigkeit* und Nicht-Subsumierbarkeit des seelsorgerlichen Dienstes in der Weise des »Unvermischt und Ungeschieden« mit der realitäts-, patienten- und institutionsgerechten *Einbettung* in die Arbeit der medizinischen Dienste zu verbinden.

Wo und wie kann der Pfarrer nun seinen Dienst in die andern Dienste integrieren und seiner Arbeit Bedeutung verschaffen, die auf dem Zusammenhang mit ihnen beruht? Wo aber wird aus der Eigenständigkeit und Nichtvereinbarkeit sachlich notwendig Spannung resultieren? Und wie wird der Seelsorger diese Spannung fruchtbar machen, so daß sie in der und für die Institution Relevanz bekommt?

3. Kooperation im therapeutischen Team

Der Seelsorger, der seine Arbeit als in Verbindung zum Team stehend betrachtet, wird nach konkreten Möglichkeiten der Zusammenarbeit suchen. Je mehr es ihm gelingt, seine Tätigkeit auch als Unterstützung für das heilende Bemühen des Teams zu sehen und zu gestalten, um so mehr wird er vom Team in diese Bemühung einbezogen werden können.

In der Praxis heißt das: Nicht regelmäßig, aber immer wieder kann ich als Seelsorger

a) nicht nur vom Team Information empfangen, sondern auch Information geben;

b) die Fürsorge für den Patienten durch Einzelgespräche mit Arzt und Schwester mitgestalten;

c) seelsorgerliche Stellungnahmen im Sinne der üblichen abteilungsübergreifenden Konsile verfassen;

d) an Stationsberatungen teilnehmen und in Fallbesprechungen den seelsorgerlichen Aspekt zur Geltung bringen;

e) den Arzt beim Sagen der »Wahrheit am Krankenbett« durch auffangende, nachgehende Gespräche unterstützen;

f) bei Lebensverlängerungs-, Sterbehilfeproblemen den Kräften Unterstützung geben, die sich im Arzt, in der Schwester selber für den leidenden Patienten, gegen das Weitertherapieren regen.

In einer Umfrage unter Mitarbeitern eines konfessionellen Krankenhauses wurden folgende Wünsche an den kooperierenden Seelsorger zum Ausdruck gebracht: Er sei

– Mithelfer in Situationen, die der Patient und in der Folge auch das Personal als stark krisenhaft erfährt;

– Teilnehmer im Team, der dort nicht erst beim Eintritt krisenhafter Situationen mitredet, sondern auch normale Abläufe mitbedenkt (Entlassung, Verlegung, Pflegeplan);

– der, der jedem Mitarbeiter verdeutlicht, daß zum Gesundungsprozeß mehr als Medizin gehört;

– der, der sich vom Chefarzt bis zum Krankenpflegeschüler um die jeweils besonderen berufsethischen Probleme kümmert.

Durch die Struktur des Dienstauftrags, der in der Regel zwanzig oder gar dreißig Stationen umfaßt, sind der Kooperation zwischen Seelsorger und Team natürlich enge Grenzen gesetzt. Aber es sollte der Wunsch des Seelsorgers sein, an jeder denkbaren Stelle Berührung zum Personal zu suchen, jede ihm zufließende Information aufzusammeln und, sooft es geht, Rückmeldung über seine Tätigkeit zu machen. Gegenwärtig wird von den Kirchenleitungen erkannt und anerkannt, daß die Seelsorgearbeit im Krankenhaus noch besser »inkarniert« werden muß in ihre »Welt«, der sie dienen möchte. Deshalb ist man heute bestrebt, die Bettenzahl im Dienstauftrag zu verringern und dadurch die Krankenhausseelsorge, auch innerhalb der Institution, aufzuwerten.

Niemand wird freilich übersehen, daß die »Inkarnation« nie eine »Fusion« werden kann. Das menschlich schwierigste Problem der Krankenhausseelsorgearbeit ist und bleibt die Einsamkeit des Seelsorgers im Betrieb, der kein Team hat, und dessen Kraft bei der Bemühung um Eingliederung und Kooperation oft überfordert wird. Die Initiative geht in den meisten Fällen vom Seelsorger aus, der auch sonst, anders als alle andern Dienste, seine Arbeit immer selbst suchen muß und nur selten angefordert wird. Der Seelsorger kann auch niemand einen Vorwurf machen, wenn man nicht auf ihn zugeht, weil das strukturell nicht zu erwarten ist. Das ändert nichts daran, daß er unter dem mangelnden Teamkontakt leidet. Die ständige Bemühung um sinnvolle Zusammenarbeit, bei der der Seelsorger einer Unzahl von Teams gegenübersteht, deren Mitglieder häufig wechseln, ist unabdingbar notwendig, kann aber auch als eine Sisyphusarbeit erlebt werden, in welcher der Seelsorger schließlich resigniert.[59] Es ist darum sinnvoll, wenn die Berufsgruppe der Krankenhausseelsorger eine vereinte Anstrengung unternimmt, um die Verringerung der Bettenzahl generell durchzusetzen. Und es ist sinnvoll, wenn jeder einzelne Seelsorger in seinem Bereich Schwerpunkte setzt und in seinem Haus Stützpunkte aufbaut. So kann er seiner Arbeit an bestimmten Stellen mehr Tiefe geben und in einigen Stationen exemplarisch Zusammenarbeit erleben. In solchen Stützpunkten soll er dann auch selbst Stütze werden und außerdem mehr bereit, seine Arbeit kritischer Kontrolle zu unterwerfen. Dazu kann er seelsorgerliche Ausbildung, medizinische Kenntnisse, Lerninteresse und Gesprächsfähigkeit brauchen.

4. Seelsorge als Angebot für die Mitarbeiter im Krankenhaus

Wie in jeder Institution, in der die Kirche präsent ist, ist der »Anstaltsseelsorger« auch im Krankenhaus nicht nur für die »Insassen« da, sondern auch für die Mitarbeiter. Er wird sich Mühe geben, sich möglichst vielen Angestellten bekannt zu machen, um von ihnen im gegebenen Fall auch als Vertrauensperson benützt werden zu können. Er wird den Kontakt zunächst für sich selbst brauchen, aber, wenn er trägt, werden die Schwestern, Pfleger und Ärzte auch den Seelsorger brauchen.

Möglichkeiten der Kontaktnahme: Stationsgespräche, Teamübergaben, Feste und Feiern, Freizeitgruppen, Mitarbeitersport.

Seelsorgeangebote im engeren Sinn: Unterricht an der Krankenpflegeschule, Bibelkreise, Selbsterfahrungsgruppen, Balintgruppen, Kasualhandlungen für Mitarbeiter, Gottesdienste, vom Seelsorger geleitete Tagungen.

Andere Angebote der Krankenhausseelsorge für das Krankenhaus (Seelsorge im weiteren Sinn): Organisation von Fortbildungsveran-

---

59 Vgl. oben das Kapitel: Die Gesundheit des Krankenhausseelsorgers.

staltungen im Haus, vor allem zum Themenbereich »Sterben im Krankenhaus«; Gründung einer Klinikgemeinde.[60] Selbstverständlich stoßen wir auch hier sehr bald an institutionelle und menschliche Grenzen. Machen wir einen Auftrag von 600 Betten (was immer noch eher die Regel sein dürfte), dann stehen uns allein im Stationsbereich fast ebensoviele Mitarbeiter gegenüber. Wir werden Schwerpunkte setzen und Beschränkungen akzeptieren.

5. Krankenhausseelsorge – Seelsorge an den Strukturen?

»Die Arbeit des Seelsorgers im Krankenhaus stellt implizit und mehr oder weniger ständig eine kritische Anfrage an die Struktur stationärer Krankenversorgung dar ... Will der Seelsorger nicht einfach immer wieder nur die ›institutionelle Rigidität‹ des Krankenhauses für den Patienten erträglich machen und die unzureichende Zentrierung des Krankenhausgeschehens auf ihn kompensieren ..., dann stellt ihn seine Seelsorge ... vor die Aufgabe, ›Seelsorge an den Strukturen‹ des Krankenhauses zu üben.«[61] So schreibt Degen in einem Aufsatz. Er möchte kein Patentrezept geben, sondern lediglich eine Perspektive andeuten, wie Seelsorge die Strukturen des Krankenhauses kritisch hinterfragen und eventuell heilen könnte, wenn er erläuternd sagt: »Dies könnte heißen: darauf hinzuarbeiten, daß die Seelsorge zum Teilaspekt in der Gemeinschaft eines ›therapeutischen‹ Teams wird, das seinerseits die Möglichkeiten einer patientenzentrierten und mitarbeiterorientierten Krankenfürsorge zu bezahlbaren Bedingungen zu überlegen und zu erproben hätte.«[62] Wir meinen: Mit dem zweiten Satz schränkt Degen den ersten wesentlich ein, denn Seelsorge als »Teilaspekt in der Gemeinschaft eines ›therapeutischen Teams‹« ist nicht mehr gleichzeitig Gegenüber zum ganzen Krankenhaus und zu seinen Strukturen. Diese Einschränkung oder Zurücknahme ist gut, denn der Begriff ›Seelsorge an den Strukturen‹ könnte, als wörtlich zu nehmender Auftrag, zu einer gefährlichen Selbstüberschätzung des Amtsinhabers führen, der dann

60 Dazu s. Mayer-Scheu, a.a.O. S. 86ff.
61 Degen, Distanzierte Integration; in: Wege zum Menschen 32 (1980), 9
62 ebda.

die Frustration folgen muß. Können wir wirklich »das Krankenhaus« ändern oder, bescheidener gesprochen, auf seine Strukturen einen heilenden Einfluß nehmen? Es bieten sich viele Handlungsfelder an, wo Seelsorge an den Strukturen stattfinden könnte. Aber weil es so viele sind, wird das ganze Konzept fragwürdig. Der Seelsorger könnte auftreten als Sendbote, Lehrer, Initiator, Vermittler

– des menschlicheren Krankenhauses
– einer neuen natürlichen Medizin (gegen die des »medizinisch-industriellen Komplexes«)
– der psychosomatischen statt der rein organischen Behandlungsweise
– des humanen Umgangs mit Sterben und Tod
– der freundlicheren Zusammenarbeit der Mitarbeiter
– der berufsethischen Problemlösungen.

Nicht wenige von uns werden das Gefühl haben, »die Einzigen« zu sein, die z. B. die apotropäischen Antwortstereotypien des Personals gegen die Realität von Sterben und Tod zu »durchschauen« meinen, »die Einzigen«, die das Krankenhaus lehren könnten, mit Ohnmachtserfahrungen offener und ehrlicher umzugehen, »die Einzigen«, die in der Frage des In-Würde-Sterben-Lassen-Könnens auf der Seite der Patienten stehen. Mit solcher Messias-artiger Selbstüberschätzung und -Überforderung aber heilen wir nichts, sondern machen nur unsere Isolierung deutlich.

Beispiel: Bei einer Forumsveranstaltung über Sterbehilfe, in der alle Chefärzte des Krankenhauses zu persönlicher Stellungnahme aufgefordert sind, fühlt sich ein Chefarzt von den bohrenden Fragen des moderierenden Krankenhauspfarrers kritisiert und fragt ärgerlich zurück: »Ja, nun sagen Sie doch einmal selbst, wie würden denn SIE denn all die Fälle entscheiden, bei denen wir alles falsch machen?!« Darauf verstummt der »Seelsorger an den Strukturen«. Er wußte, daß »die andern« die inhumanen Entscheidungen treffen, weil er selbst in Euthanasiefällen noch nie mitzureden hatte. Er wußte, wie man »alles besser macht«, weil er nicht mit in der Verantwortung steht. Er war in der Art seiner Ärztekritik nicht wirklich solidarisch, nicht Mitglied des Teams und deshalb isoliert.

»Seelsorge an den Strukturen« – man muß das Wort entweder bescheidener ausfüllen oder als Phantom bezeichnen. Je mehr einer von uns »alles« therapieren will oder das Ideal-Menschliche vor »allen andern« repräsentieren will, um so schneller wird er zum abgelehnten inhumanen Besserwisser, der in Gefahr ist, die eigene Ohnmachtserfahrung im »Kampf« gegen die Strukturen umzufälschen in neue, noch realitätsfernere Anklagen gegen die Institution. So erscheint es wichtig, die »narzißtische Kränkung« über die Begrenztheit der eigenen Möglichkeiten zu verarbeiten[63] und zu akzeptieren, daß wir nur ein schwaches Sandkorn im Getriebe sein können. Und so kehren wir lieber zu Degen's anderer Formulierung zurück, daß Seelsorge ein »Teilaspekt in der Gemeinschaft eines therapeutischen Teams« sein soll. Als solcher können wir manchmal eine Gegenströmung sein, häufiger aber sind wir doch eine »Mit-Strömung«, welche die Aufgabe hat, den belasteten Mitarbeitern den Rücken zu stärken und die in ihnen von Natur vorhandenen seelsorgerlich-mitmenschlichen Strebungen zu unterstützen.

6. Standortbestimmung – distanzierte Integration

Seelsorge kommt als etwas Fremdes ins Gefüge der Krankenhaus-Institution. Ihre *Ein*gliederung, *Ein*bettung, *Ein*bindung bleibt notwendigerweise beschränkt. Die Notwendigkeit ergibt sich aus dem Eigencharakter der Seelsorge, die nicht zu vereinnahmen ist, und ebenso aus der in sich geschlossenen Eigengesetzlichkeit dieser Institution, die im naturwissenschaftlich-technischen Zeitalter den kranken Menschen als physiologisch und pharmakologisch beherrschbares Wesen erscheinen läßt.
Seelsorge hat den Auftrag, die in der Institution des modernen Krankenhauses oft noch ohnmächtiger und ängstlicher gewordenen Menschen durch die symbolische Repräsentanz der tröstlichen, liebenden, bergenden Macht Gottes zu begleiten. Diese Hilfe soll nicht an der Institution vorbei geschehen, sondern in engem Anschluß an alles, was diese tut. Seelsorge soll sich darum *an*gliedern, *an*binden,

---

63 S. Frör, a.a.O. S. 20, der seinen Aufsatz dann aber doch mit dem wenig »grenzbewußten« Satz beendet: »Als solche ist sie« (die Seels.) »geradezu unentbehrlich – versteht sie sich nur zu artikulieren – für eine Institution wie das Krankenhaus, die in der Gefahr steht, über dem bloßen Funktionieren zu vergessen, daß sie eine Institution von Menschen für Menschen ist.« (S. 21)

*an*schließen, wo immer es geht. Wir benützen den Ausdruck »Distanzierte Integration«[64] – obwohl »nicht-integrierbare Distanz« vielleicht der ehrlichere Begriff wäre –, weil »Integration« die Ganz- oder Einswerdung von etwas meint, und Seelsorge zur Ganzwerdung der medizinisch-therapeutischen Arbeit im Krankenhaus beiträgt.

Integration im Sinne von Einfügung ins Ganze ist die ständige Bemühung des Seelsorgers, die hauptsächlich von ihm ausgeht, weil die Institution ihm dabei wenig entgegenkommen kann. Die Integration ist »distanziert« von der Sache der Seelsorge her, die sich nicht verrechnen läßt, und von den Strukturen der Institution her, die auf somatischem Gebiet ihre Erfolge sucht. »Distanziert« auch, weil in der Regel nicht die Institution den Auftrag zur Seelsorge gibt, sondern die Kirche den Seelsorger entsendet, und weil letztlich der Herr der Kirche den Auftrag gibt, die Kranken zu besuchen, nicht eine Verwaltung oder Gemeinde. Freilich kann dieser Auftrag recht wahrgenommen werden nur in Übereinstimmung mit dem inkarnatorischen Wesen des beauftragenden Herrn, die zur ganzheitlichen Annahme des Menschen verpflichtet, zum umfassenden Interesse an seiner physisch-psychischen Lage und zum Eingehen auf seine jetzt institutionell vermittelte Situation. Dazu »vereinigt« sich der Seelsorger »liebend« mit der Institution, unterstützt ihre Heilungsziele und sucht in Einheit mit allem, was dem Patienten von der Institution her Gutes getan wird, seinen Beitrag zur Heilung zu geben.

Andererseits bleibt er, ineins mit dem Herrn der Seelsorge, in Gegensatz zur Institution, sofern diese, wie alle »Welt« ihn nicht »aufnehmen« kann. Die innere Distanz des Seelsorgers, der sich manchmal als Gegenpol gegen die »macherischen« Anstrengungen des Krankenhauses fühlt, und lieber das Lassen, Sein-Lassen, Gott-überlassen betont, kann dann auch zu einer äußeren Distanzierung von den ihre Grenzen überschreitenden ärztlichen Bemühungen führen.

Die Standortgewinnung ist ein lebendiger Prozeß, ein Beziehungsgeschehen, in dem Berührung und Integration ebenso erlebt werden wie Abstand und Fremdheit. Es kommt schließlich darauf an, daß der sich einen Platz erarbeitende Seelsorger die Institution mit seinen Händen und seinem Herzen immer neu angreifen und trotz aller Schwierigkeiten als *seine* Institution zu begreifen vermag.

---

64 So der Titel von Degens oben zitiertem Aufsatz.

Aufgaben und Ziele der Krankenhausseelsorge

(Zusammenfassung)

Vom Krankenhausträger aus gesehen:

Der Krankenhausseelsorger soll . . .

– die Auswirkungen des technisierten, unpersönlicher gewordenen Behandlungsablaufs auffangen helfen; die Angst vor der Apparatemedizin durch freundliche Zuwendung mildern; das menschliche Krankenhaus mitrepräsentieren.

– den Patienten psychologisch begleiten, damit er seine schwere Zeit besser erträgt; auf diese Weise zu seiner ganzheitlichen Betreuung und zur Heilung beitragen.

– dem Patienten in somatischen Streß-Situationen beistehen; in Konfliktmomenten und Phasen großer Angst oder Trauer bei ihm sein; ihm helfen, vitale Verluste zu verkraften.

– am Ende des Lebens geistliche Sterbehilfe geben; die Kranken im letzten Abschnitt nicht allein lassen, wenn die ärztliche Hilfe zurücktreten muß.

– den Mitarbeitern verdeutlichen, daß zum Gesundungsprozeß mehr als Medizin gehört.

– ihnen ein Beistand in den berufsethischen Konfliktsituationen des modernen Krankenhauses sein.

Von der beauftragenden Kirche aus gesehen:

Der Krankenhausseelsorger soll . . .

– die Kirche am Krankenbett vertreten; durch die Bett-zu-Bett-Arbeit demonstrieren, daß es Volkskirche gibt; den Menschen (oft nach langer Zeit wieder) eine Begegnung mit einem Repräsentanten ihrer Konfession ermöglichen.

– eine Verbindung zur Gemeinde darstellen und ggf. herstellen; den Gemeindpfarrer in der parochiefernen Institution ersetzen; Be-

suchsdienstgruppen gründen, die von der Gemeinde aus ins Krankenhaus kommen.
– Gottesdienste halten, Sakramente spenden, Beichte hören, Kranken Trost verkündigen, Sterbende segnen.
– dem Personal »Symbolfigur« für die Endlichkeit des Menschen und die Begrenztheit der Medizin sein; andererseits auch für die Unendlichkeit der Möglichkeiten Gottes, dessen Wirken sich nicht immer und unbedingt mit den Erfolgen der somatischen Medizin deckt.
– dem Personal selber Seelsorger werden, bei dem jemand immer wieder auch Entlastung und Ermutigung finden kann; mit dem Personal zusammenarbeiten zum Wohl der Patienten.

Von der Pastoraltheologie aus gesehen:

Der Krankenhausseelsorger soll . . .
– die religiöse Reaktion des Patienten vor allem auf seinen ersten Besuch gut beachten und daraus erkennen, was die Seele des Patienten mit ihm anfangen möchte und welche Aufgabe sie ihm überträgt.
– die Symbolik, die für den Besuchten im Besuch und in der Gestalt des Seelsorgers liegt, und die nach Person und Situation ganz verschiedene Gestalten annehmen kann, als wichtigste Brücke zur seelischen Befindlichkeit des Kranken erfassen.
– Instrument, Medium, Modell usw. für die Liebe und Mitsorge Gottes sein; dem Kranken etwas davon aufscheinen lassen, daß Gott kein apathischer, ein sym-pathischer Gott ist.
– den Auftrag Christi erfüllen, die Kranken zu besuchen, in denen Christus als Leidender gegenwärtig ist; sich in die Beziehung zum leidenden Menschen »inkarnatorisch« hineinlassen, damit spürbar wird, daß Gott sich den Beladenen in Christus zuwendet und die Leidtragenden seligpreist.

Von der Pastoralpsychologie aus gesehen:

Der Krankenhausseelsorger soll . . .
– dem Kranken ein Partner sein, mit dem er sein Befinden in der mo-

mentanen Situation erkunden und die Krise, in die sein Leben geraten ist, durcharbeiten kann.

- dem Kranken helfen, die emotionale Seite der Krankheit zu bewältigen, indem er sich verständnisvoll-akzeptierend den Gefühlen zuwendet, von denen Leiden begleitet sein kann.
- den Kranken als Leidenden mit besonderer Wertschätzung, Wärme und Nähe umfangen und ihn mit Einfühlung und Ausdauer auch durch tiefe Täler begleiten.
- dem Kranken beistehen, ggf. etwas aus seiner Krankheit zu »machen«; die Botschaft des Leibes an die Seele ihm übersetzen helfen; seine Lebenskraft gegen die Krankheit mobilisieren helfen.

Vom Amt des »Ohnmachers« aus gesehen:

Der Krankenhausseelsorger soll . . .
- Im Namen der Ohnmacht gegen den Geist des Alles-Machenwollens stehen und diese Ohnmacht mit-verkörpern.
- Im Mach-haus sich denjenigen Zuständen zuwenden, bei denen man nichts machen kann.
- Selber nichts machen oder manipulieren, anstreben oder bewegen, verändern oder therapieren, sondern einfach dasein.
- Mit den Kranken einüben, was das ist, keine Macht mehr zu haben: Lassen, Seinlassen, Loslassen, Zu-frieden sein.

Von den Erfordernissen der eigenen Person aus gesehen:

Der Krankenhausseelsorger soll . . .
- Seinen Beruf so »menschlich« und wenig »amtlich« wie möglich ausüben und beachten, daß dies ihn besonderer Belastung aussetzt.
- Darauf achten, daß er Lösung und Ablösung, Entlastung und Stärkung findet, auch Anerkennung und Unterstützung.
- Zur Überwindung der berufsspezifischen Einsamkeit Gruppen suchen, die ihn stützen und ihm – im Ausgleich zur personellen Fluktuation im Krankenhaus – beständige Beziehungen ermöglichen.
- Beratung und Seelsorge für sich selbst in Anspruch nehmen; menschlich und geistlich realisieren, daß Helfer Hilfe brauchen.

Verwendete Literatur

Adam, Ingrid u.a. (Hrsg.): Gottesdienst im Krankenhaus, Gütersloh 1976

Beck, Dieter: Krankheit als Selbstheilung, Frankfurt 1981

Clinebell, Howard: Modelle beratender Seelsorge, München ⁵1985

Degen, Johannes: Distanzierte Integration, Materialien zur Seelsorge in den Strukturen des Krankenhauses; in: Wege zum Menschen 32, 1980, S. 2ff.

Döbert, H.: Seelsorge am Krankenbett und im Krankenhaus; in: Der leidende Mensch, hg. v. H. Schulze, Neukirchen 1974.

Eibach, Ulrich: Medizin und Menschenwürde, Wuppertal ²1981

Essen, Siegfried: Körpersprache und religiöse Erfahrung; in: Wege zum Menschen 33, 1981, 18ff.

Faber, Heije: Der Pfarrer im modernen Krankenhaus, Gütersloh 1970

Frankl, Viktor: Pathodizee, Wien 1950

Frör, Peter: Seelsorge und Institution, in: Wege zum Menschen 32, 1980, 14ff.

Führer, Ruth: Besuch und Seelsorge im Krankenhaus, Göttingen 1960

Hammers, Alwin: Gesprächspsychotherapeutisch orientierte Seelsorge; in: Scharfenberg (Hg.), Freiheit und Methode, Göttingen 1979, 83ff.

Jüngel, Hans: Die rechtlichen Grundlagen der Seelsorge im Krankenhaus; in: Zeitschrift »Evangelische Krankenpflege« 1970 Heft 2, S. 5ff.

Klessmann, Michael: Religiöse Sprache als Ausdruck und Abwehr; in: Wege zum Menschen 34, 1982, 33ff.

Lemke, Helga: Verkündigung in der annehmenden Seelsorge, Stuttgart 1978

dies.: Mitteilen des Evangeliums und aktives Zuhören – Eine Spannung in der annehmenden Seelsorge; in: Wege zum Menschen 34, 1982, S. 399ff.

Luban-Pozza: Der psychosomatisch Kranke in der Praxis, Berlin ⁴1980.

Lückel, Kurt: Begegnung mit Sterbenden, München 1981

Mayer-Scheu, Josef: Seelsorge im Krankenhaus, Mainz 1977

Piper, Hans-Christoph: Perspektiven klinischer Seelsorge; in: R. Riess (Hg.), Perspektiven der Pastoralpsychologie, Göttingen 1974, S. 140ff.

-ders.: Macht und Ohnmacht – Die Frage nach dem Proprium der Seelsorge; in: Wege zum Menschen 34, 1982, S. 291ff.

-ders.: Kommunizieren lernen in Seelsorge und Predigt, Göttingen 1981

Pressel: Vom Umgang mit Kranken, Stuttgart 1962

Richter, Horst Eberhard: Der Gotteskomplex, Reinbek 1979, jetzt rororo Nr. 7963

Rieß, Richard: Seelsorge, Göttingen 1973

Scharfenberg, Joachim: Seelsorge als Gespräch, Göttingen ²1974

Sölle, Dorothee: Leiden, Stuttgart 1973

Stollberg, Dietrich: Wahrnehmen und Annehmen, Gütersloh 1978

-ders.: Praxis und Proprium – ein Literaturbericht; in: Wissenschaft und Praxis in Kirche und Gesellschaft (Pastoraltheologie) 66, 1977, S. 380ff.

Tacke, Helmut: Glaubenshilfe als Lebenshilfe. Probleme und Chancen heutiger Seelsorge, Neukirchen-Vluyn 1975

-ders.: Worte am Wege; in: Pastoraltheologie 71, 1982, S. 402ff.

Weil, Simone: Vorchristliche Schau, München 1959

v. Weizsäcker: Arzt und Kranker, Leipzig 1941, jetzt auch in: Gesammelte Schriften, Frankfurt 1986-1988

Wolf, Ernest S.: Bemerkungen zur Theorie und Technik der Analyse von Störungen des Selbst; in: Wege zum Menschen 33, 1981, S. 178ff.

Zijlstra, Wibe· Seelsorge-Training, München-Mainz 1971.

Literaturhinweise

Cullmann, Oscar
Unsterblichkeit der Seele oder Auferstehung der Toten?
Antworten des Neuen Testaments. Stuttgart 1987

Girock, Hans-Joachim
Kirche soll sich ändern – aber wie?
Gegen den Abwärtstrend im Protestantismus. Stuttgart 1987

Hartmann, Karl
Atlas-Tafel-Werk zu Bibel und Kirchengeschichte. Karten, Tabellen,
Erläuterungen.
Band I: Altes Testament und Geschichte des Judentums bis Jesus
Christus.
Band II: Neues Testament und Geschichte der Kirche bis zu Karl dem
Großen.
Band III: Geschichte der Kirche von Karl dem Großen bis zum Vor-
abend der Reformation. 2 Teilbände.
Band IV: Geschichte der Kirche im Zeitalter der Vorreformation, Re-
formation und Gegenreformation. 2 Teilbände.
Band V: Geschichte der Kirchen in der Neuzeit. 2 Teilbände.
Stuttgart 1979 bis 1983

Hartmann, Karl
Atlas-Tafel-Werk zur Geschichte der Weltreligionen. Karten, Tabel-
len, Erläuterungen.
Band I: Die Geschichte der fernöstlichen Religionen. Stuttgart 1987

Kehr, Otto/Rommel, Kurt
Von Annehmen bis Zuhören. Gemeinde als Seelsorgerin.
Stuttgart 1987

Strunk, Reiner
Feste des Friedens. Erzählungen zu den christlichen Festzeiten.
Stuttgart 1987